Secrets to
Hiring
the Right Person

知識精英 Professional
30

用人先看相

教您如何用對人

企業選才必備・面試必修

華人社會100大企業應聘人才重點精華
各企業主管大力推薦的觀人用人必備書

陳建中◎編著

前　言

相學，在中國有著古老的歷史，對我國人文文化的發展起到了不可忽視的作用。隨著社會的發展，相學經過幾千年的演變，已經成為一個獨特的影響人們生活的領域。

在當今社會，相學以其獨特的內涵已經成為人們在選擇合作者時，引以借鏡的經驗。

在這個競爭的時代，如果每個想在自己的事業上和追求上有所成就，就免不了與人合作，而選擇什麼樣的人與自己共同發展呢？是一個不可迴避的問題。

古往今來，那些成功者，之所以成就了自己的事業，就是因為他們選對了人，使自己的夢想變成了事實。

大家都知道，一個人的面相對他人或者自己，有著十分重要的影

響。因為從客觀上來說，一個人的面相，會反映出一個人內心的真實世界。

　　試想一下，一個在面相上使你很不舒服的人，你怎麼會與之合作呢？所以，無論在你交友或選擇合作夥伴的時候，對方的面相會給你帶來很大的影響。

　　我們透過對大量資料的閱讀和篩選而精編了這本書，旨在使個人或企業在選人用人、或應聘時有一個借鏡。

　　如果你想使自己的人生、事業和家庭有一個良好的發展，那麼這本書會助你一臂之力。

目　錄

1　把握住眼光

2　面相與命運

3 舉止的秘密

4　色彩觀人心

5　筆跡識人術

6 星座與人

7 摸準對方的性格

8 選人不能憑感覺

9 怎樣用人

第一章
把握住眼光

在現代生活和工作中，如果你是一個想在自己的人生道路上有所作為的人，那麼就離不開與周圍的人打交道，因為誰都無法脫離人群而靠自己的奮鬥走向成功之路，這就需要你去選擇自己的合作夥伴，而選擇合作夥伴，首先應該學會一些簡單的「識人術」，這樣會使你少走一些冤枉路，並且在自己的事業上有一個良好的開端。

1、觀眼識對方

眼睛是心靈之窗，透過對一個人眼睛的觀察，可以窺探到一個人的內心世界。眼睛大而圓的人，表示領悟力寬博，對於一般事情皆有興趣。大眼睛表示好動、敏捷、富於情感。眼睛圓而大的人，討人喜愛，這種人會輕易相信人，所以很容易受騙。

眼睛小的人，做事謹慎、遲緩、精明、理智。不過，太短小者，則是愚蠢之輩。

眼睛細長的人，聰明而富幽默感，閉起來成為一條縫，所謂笑瞇瞇，這種人和藹可親，人緣好，事業前途亦很可觀。

眼睛外凸的人，性情剛強、多詭詐、凶眼。眼睛深凹的人，性情執拗、深慮、多疑忌。

眼睛三角形的人，小心這種人兇惡、孤僻、無情，而且賊性難防。古相書有云：「婦人三角眼，其殺親夫。」不可不防。

古人曾將眼形作「動物式」的分類，常見的有：

（1）**丹鳳眼**：眼長而秀，黑白分明，是世界上最美麗的眼睛， 具有這種眼睛的人，智慧聰明、感情豐富，很有藝術天才。

（2）**龍眼**：這種人忠心耿耿，是最可信任的人。

（3）**虎眼**：眼似虎盼，威嚴莫犯，大將之材。

（4）**鶴眼**：這種人超脫不凡，高尚廉潔。

（5）**鹿眼**：性急，富於感情，有義氣，是一位知己朋友。

（6）**馬眼**：這種人很平庸，志氣不高，為人忠直。

（7）**猴眼**：機深、多疑、淫欲、狡詐、奸猾、貪心。

（8）**魚眼**：愚蠢、笨拙、短命之人。

（9）**羊眼**：目露回白，如死人樣的眼睛，這種人奸詐心惡，孤僻而性狠，必不善終。

（10）**鼠眼**：眼小帶三角，目光炯炯，眼球左右亂轉，竊盜之流。

（11）**雞眼**：性急、歹毒、淫盤之流。

（12）**蛇眼**：眼細圓，黑仁還青，具有這種眼睛的人，性狠
　　　毒、殘　酷、悖道無情、大奸大詐。

（13）**蜂眼**：孤獨、性毒、猖狂。

（14）**狼眼**：心毒、冷酷無情。

總而言之，眼正者心正；眼邪者心邪；眼善者心善；眼惡者心
惡。

2、觀眉識對方

古相書論眉言：「眉為兩目之華蓋，實為一面威儀，乃日月之菁
華，主賢愚之辯別。」眉之重要性，亦不容忽視。

眉，以寬廣、清秀、平長為上，對於粗濃、逆亂、凸吐的眉，
不是給人好印象的眉。眉毛疏而秀、平而闊、秀而長者，性聰明；
凸垂式低懸的眉毛遮蓋著眼睛的，領悟力強，觀察深刻；眉平直
的人，重實際；眉變曲的人，敏感愛美；眉毛粗濃的人，雄健、果
敢、逞強；粗而濃，逆而亂者，性懦弱而悲觀；眉毛朝上者，性豪
放而剛強。

古人曾將眉毛分為清秀眉、新月
眉……等。

（1）**清秀眉**：這種眉毛配上丹鳳
　　　眼，真是「眉清目秀」貴不可
　　　言。這種人具有文才，愛情專

新月眉

一，是女孩子擇偶的好對象。

（2）**新月眉**：純情、明朗、快活。女人具有這種眉，溫柔多情，是男士追求的好對象。

（3）**柳葉眉**：這種人骨肉情疏，但對朋友卻很情篤。

（4）**八字眉**：這種人易陷於悲觀，而且是愛情不專的人。

相法謂：「眉分八字，貪花柳。」

（5）**一字眉**：這種人固執、獨斷、自尊心極強。

（6）**虎眉**：性野，勇而無謀，果敢逞強。

（7）**鬼眉**：眉毛粗而闊，人面獸心，佔有欲特強。

（8）**間斷眉**：兄弟無緣，薄情，這是凶相。

（9）**交加眉**：眉毛交叉相錯，貧賤伶仃之相。有這種眉毛的人，一定是傾家蕩產的敗家子。

（10）**旋螺眉**：多智多疑，虛榮心強，易中途受挫，好尊制。

八字眉

3、觀鼻識對方

中國古相經曾言：「鼻者面之山，不酬不靈。鼻通於氣，以察種志躁靜；心膽之強弱，爲人生最重要之竅象。」

　　不過鼻也要顧及對稱，所謂高而不稱則凶（叫做孤蜂鼻），鼻樑露骨，是破敗型，高壽不長（叫做露梁鼻），塌鼻而獨準頭肥（準頭乃鼻實部分），是營碌下賤之輩（叫做葫蘆鼻），總而言之，鼻子需要與顏面相配稱。

　　鼻子最忌孤峰（太高與面顴不稱），忌短促，短尖（短促、短尖者，必是貧賤愚勞之流），忌尖勾（如鷹嘴鼻者，必是低劣孤窮之流）。

（1）**獅子鼻型：**這種鼻子或者叫它做政治家型、外交家型、神力型都可以。具有這種鼻子的男女，必是精力充沛，好動，活潑，進取，奮鬥，好辯，好勝的典型。這種鼻子的特徵是：高鼻樑，凸出而長，鼻孔極深具有這類鼻子的人，幾乎屬於多向型，他永遠喜歡和人辯論，他的智力常常是驚人的，他的缺點就是絕不認輸。應付這種人，你絕不能和他強辯，你可以先贊同他的意見，然後婉轉說出你的意見，使他不知不覺同意你。

獅子鼻

（2）**伏犀鼻：**這種鼻子或者叫它藝術家型。它的特徵是：直長，細而

伏犀鼻

凸出。具有這種鼻子的人，大部分是內向型，性情和平，溫柔，不走極端，富有藝術天才，愛美，富於理想。

（3）**塌鼻型：**類似中國相書所謂的「狗鼻」，具有這種鼻子的人，他的能力低劣，也許是肺部的能力欠缺的原因，這種人大部分很懶惰。這種鼻子的特徵是：凹進，好像沒有鼻樑。假使你遇到一個塌鼻型的人，你可以斷定他缺乏創造性，缺乏力量，缺乏奮鬥力，缺乏決斷。這種人常常顯得猶豫不決，而且急躁易怒，一生常是一事無成。

（4）**掀鼻型：**這種鼻子的特徵是：鼻樑露骨，鼻子突白上翻，類似中國相書所謂的「鯽魚鼻」。假使只是鼻子向上翻，那他是個樂天派，他的人生觀是「今朝有酒今朝醉」，他的嗜好常常是離不開嫖、賭、飲。這種人還有一種習氣，就愛問東問西，假使你碰到這種人，你也許會感到這種人無聊。他的鼻子尖向下翻，鼻樑又露骨的話，他一定是傾家蕩產的浪子，你要小心注意具有這種鼻子的人。

（5）**鷹嘴鼻型：**其特徵是：鼻子尖向下壓，猶如一個鉤。有這種鼻子的人，個性慳吝貪婪，自私自利，為人奸險妒詐，

塌鼻

掀鼻

鷹嘴鼻

　　古相書云：「準頭（鼻子尖）有肉，心無毒；鼻型如鉤，
不可交。」假使你遇到這種人，千萬小心!

　　人們的鼻子，不見得都像上面所區分的五類型那麼典型，不
過，你可以注意分析他的鼻子接近那一類型。最重要的是看他的鼻
樑和鼻尖。

4、觀耳識對方

　　從「耳朵」的大小和它所在位置上，可以知道一個人的性格和
行動力。

　　當你看對方的時候，一定要正面仔細觀察。

　　盡量固定視線與自己的眼睛等高（不要俯視或仰視）向前凝
視，這樣就可以看到耳朵的大小位置。夾在眼睛上部的虛線和鼻端
稍內側的虛線之間的長度，便代表一般耳朵的大小。

（1）**小耳朵**：大多屬於說者無心聽者有意、敏感過度的人，
　　　　　　容易為小事悶悶不樂。比起一般人，他的神經質會引導

小耳朵

大耳朵

他做悲觀思考。不過，由於他行事謹慎、巨細靡遺，工作不易出錯，特別是細微處尤其做得盡善盡美。如果能放寬心胸，眼光向前看，前途將大有可爲。與這個類型的人交往，在應對和遣詞用句方面要格外小心，否則容易遭到他的誤解。

（2）**大耳朵**：大多能在各個領域一展所長、發揮抱負。這類型的人，生命力旺盛、耐力十足，即使是遭遇重大困難，也能愈挫愈勇。耳朵大的男性，在工作或戀愛方面，一向積極主動，展現出充沛的活動力，是可以期待飛黃騰達的一匹黑馬。不過，有時衝刺太快，忽略了身邊潛在的問題，反而成爲事業的絆腳石。這類型的人應該反省自我，在這方面力求改進。

5、觀口唇識對方

一個人的口唇對於一個人的性格，有密切的關係。

要言之，口宜大，所謂：「口闊容拳，出將入相。」但口大無收即貧窮。故宜開大合小，同時，須顧及顏面的對稱，口大面小，面大口小，都不是貴相，口須端正，厚方。最忌偏歪，頭小，所謂：「尖嘴者，偷食之人。」口忌露齒，所謂：「口如露齒，有事而難遮。」這種人最不能保守秘密，對這種人勿告以任何秘密，不然，你將後悔莫及。

口與唇是分不開的，所謂：「唇爲口之城廓。」故觀口常是觀唇。口唇之形狀、厚薄、顏色，對於觀人非常重要。

唇以厚紅爲佳，口下對稱爲美，忌薄小、捲縮、缺陷、實撮不起。

唇掀、唇卷、口下不稱、唇黑（心極毒疏）。唇青、唇白（壽夭之相），這些非善相。

從唇的形狀來看，唇厚的人，富貴長壽之相，而且是富於藝術天才，但唇亦不可太厚，太厚則反而賤，唇寬的人，表示其個人欲望高，過於寬厚的人，其欲旺盛。

唇薄的人，性格好辯，伶俐機警，外剛內怯，沉著冷靜，而且是一個薄情之人。

長唇的人，競爭性甚強，重現實，能力強；短唇的人，富於理想，缺乏果斷力，猶豫不決，易於動搖。

當你觀人口唇時，還有個地方很能表示一個人的特性，那就是鼻子下邊直到上唇紅邊的一道直溝。

直溝短的人，表示此人喜歡受人誇獎，而且是個極敏感的人，對付這種人，誇獎是最好的武器，千萬不可批評和責備他，他是一個極敏感的人，即使你是善意，他對於你的批評和指責會立刻覺得很難堪，反而產生惡劣的結果。

直溝長的人，常常懷疑人們的誇獎，他並不是不喜歡誇獎，但他總認爲人家對他的誇獎，必另有用意或有所求。這種人有一優點，那就是他從不歸咎別人，對付這種人，不必處處恭維他，給他一點公正的批評，但不必故意吹毛求疵。假如你具有這種特徵，你

應該知道你的弱點—— 太多疑了。直溝長的人到底是少數，大部分人的直溝都不長的。因此，假使你沒有把握這點，你寧可多誇獎少批評。

厚唇

直溝長

6、觀頭面識對方

（1）**四分型：**即稱實業家型、運動家型，這種頭面型的特徵：前額上部方形，方下巴，身體亦隨之有方形趨向，這種頭面型大多是大將領、實業家、運動家、飛行家、探險家。這種頭面男子較多，女

四分型

子較少，這種人精力充沛，性活潑，喜運動、冒險，不受拘束，好自由，喜戶外生活。這種人不愛談理論，而講求實際，卻有建設性。他們的身體很能耐勞；吃得苦中苦。他們的缺點是不喜歡讀書，智力懶惰，不善思考。所以只好用他們的手及身體，實地去做或執行思想家所計畫的事

情。

（2）**長方型**：頭窄、長臉，有點長方形。這種頭面型的人，擅長外交手腕，喜交際，慈善和氣，態度溫和有禮，又機警，這種人欲達到目的，絕不用武力，而用其他的機警，外交手腕，智慧聰明。這種人做一個外交家和推銷員是很合適的，但這種人的缺點是缺乏力量、魄力和執行力，且不善理財。

（3）**圓臉型**：這種頭面型圓的人，其身體亦圓，其為人亦是四面圓通，八面玲瓏，正合乎中國相法所稱之「心寬體胖」，因為這種圓滿型的人永遠是樂觀，且一切都感到愜意。

所以這種人永遠是和氣、有趣、可親的。這種人天生好享樂，愛吃貪睡，結果身體愈胖，因之不免懶惰。這種人擅長管理行政，很有理財的天才。

（4）**三角型**：或稱智慧型、理想型、藝術型，這種頭面型的特徵；前額高而寬，下巴尖，臉型如一個倒三角型，這種人智力靈活，善推理，好深思，愛鑽書本，富創造力，生性

長方型

圓臉型

三角型

聰明，多智謀，富理想，多衝動，擅長勞心之工作，不慣於勞力之工作，戶外運動過少，故體質虛弱，缺乏活力，體力差。發明家、設計家、文學家、教育家、評論家、思想家多屬於此型。

（5）**凸出型**：前額後傾，高鼻樑，唇部突出，下巴短縮，整個頭面側面成凸出形狀，這種頭面型的人，智力極佳，反應快，行動敏捷，善觀察，富創造，奮進取，其缺點就是性急、欠深慮、妄動，故有云：「面中仰而人不義，蓋其人常妄動。」這種人，言多直爽，故多失言。這種人雖然反應快，但缺乏持久性與忍耐心，而且衝動、易怒。

（6）**凹進型**：前額上端突出，眼眉部分平坦，鼻子低，唇部短縮，下巴突出。這種頭面型的人，與凸面型的人相反，個性可用一個「慢」字來表示。反應行動皆緩慢，一切慢吞吞，不急進，固執而不切實際，缺乏創造力，但這種人因此而養成一種謹慎，不盲從、不衝動的性格來。鎮定、從容、理智重於感情，善思考，一切三思而後行，不妄動，古相法云：「面中凹而機謀深廣故惹禍機會少。」能忍

凸出型

凹進型

耐，有持久力，態度溫和，隨遇而安，都是其優良性格。

（7）**平直型**：這種面型的人數較多，它的特徵：前額平直，直鼻子，嘴與下巴均平直，頭面側面是一直線形狀，它的性格是介於純凸出型與純凹進型之間的性格，常在深思與好動之間，所以易趨於猶豫不決。

（8）**上凸下凹型**：這種頭面型的特徵：前額後傾，眼眉高出，高鼻樑，嘴唇短縮，下巴長而突出。這種人因為前額後傾，所以反應快，下巴長而突出，行動慎重，他的性格重實際，有魄力，是個領袖人才。他的性格缺點就是易趨專制、固執，假使你是個單身男性，那麼追求這種頭面型的小姐，最好要有耐性，多用些時間追求。因為她或者已屬意於你，只是她還沒到行動的時機而已。

（9）**上凹下凸型**：這種頭面型與上凸下凹正相反。它的特徵：前額上端突出，眼眉平坦，鼻子低，唇部突出，下巴短縮。這種人的性格與上述的上凸下凹型相反，他是行動快於反應，故不具有周密之計畫，而後行動，常常不免輕率疏忽，所以每每行動後而後悔，這種人不重實際，易衝動，缺乏領悟力與忍耐力。

平直型

上凸下凹型

上凹下凸型

7、觀手識對方

手大略可分三種類型：

（1）**纖細型：**這種手的特徵是：手掌纖瘦，皮膚白而柔軟，手指長而細尖。這種人具有藝術家的氣質，敏感，愛美。性格柔和，智力聰明，心細，適於精巧的工作。但這種人體質較弱，缺乏忍耐與持久力。

（2）**粗大型：**這種手的特徵是：手掌粗大，皮膚堅實，手指近乎方型。這種人比較好動，性格活潑，講求實際，適於做機械或需體力的工作，但若手指短，皮膚粗糙，則其一生必勞碌平庸，因其欠缺創造力僅適於勞力工作。

（3）**短圓型：**這種手的特徵是：手掌肥厚、皮膚光滑而豐潤，手指短而圓，這是肥胖型的手，性喜舒服，好享受。這種人擅經商，具有管理與理財天才。但他的缺點是易趨於懶惰與縱欲。這裡應說明一點，就是手與身體亦須顧及對稱，古人有言：「身大手小，難聚資財；身小手大，一身

纖細型

粗大型

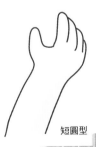

短圓型

下愚。」手的長宜，古相法言：「手不過腰，一生貧賤；纖長性慈而好施，短厚性貪而好取。」

手指與指甲形狀，可以分兩種類型，而彼此在性格上完全相反。

（1）**平方型**：其特徵是：手指與指甲寬平而顯得方形。這種人比較保守，誠實忠厚，體力強，重實際。

（2）**圓尖型**：它的特徵是，手指修長，指甲圓尖，這種人敏感，愛美，體質弱，富於理想，是屬於藝術家、理想家。但過於細尖，又表示其人消極、膽小。過於短小，則表示其喜批評，性多疑。

平方型

圓尖型

8、觀手指析人術

男性：

（1）**有魄力、有作為的**：拇指堅硬不向指甲面而彎曲。各指端屬方形或方圓形，短指甲，食指比無名指長，指飽滿。

（2）**普通人**：拇指不堅實，各指端方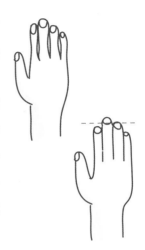
　　　圓形，無名指長過食指，指甲長
　　　短不論。

（3）**庸碌或打敗仗者**：拇指軟弱向
　　　指甲面彎的很厲害，尖形式圓形
　　　的指端，食指短而無名指長，小
　　　指彎曲而短，或短而不彎曲，各
　　　指間有漏縫，這是事業上難獲成
　　　功，或難得家庭幸福的人。

女性：

（1）**賢妻良母**：十指尖尖，飽滿而不粗壯，各指見骨無肉，拇
　　　指柔軟，指端尖形。

（2）**事業型女性**：指端屬圓形式方形，拇指堅硬，是屬於有事
　　　業，沒有家庭生活，或婚姻上有波折的人。

（3）**普通婦女**：拇指及各指均堅硬，指端尖形，比較尖形者，
　　　較方形或方圓形者，家庭生活美滿。

賢妻良母

事業型婦女

普通婦女

9、觀手紋析人法

生命線，是拇指與食指之間發源的那條向腕間延伸的線紋，這條線越長，表示生命力越強韌，同時也表示壽命的長久；生命線短，表示生命力的軟弱，多疾病，但不一定表示短命，因為在生命線上，長的也會因支線干擾而變壞，短的則因好的線紋來補救，反而變好，生命線作弧形大彎曲，一直伸延到拇指球下的掌邊，表示長壽，在下部中途斷線，表示短命。

拇指球的彎度大，金星丘特別寬闊的人，表示精力充沛能突破障礙的健者，不過對女性來說，彎度特大，金星丘越固的人，弱點常常在色情的圈子裡招致失敗，這種女性，幾乎是做歌女、演員及女侍等職業為多；拇指球小的人，顯示出精力不足，體力較弱，在夫妻生活上也缺少信心，愛做事，不怕疲勞，子女可不少。

由生命線中分出一條支線，直伸向月丘這是不常見的紋，它表示不穩定的狀態，有這種線的人，職業和住所，不斷在變動，很難有安定的環境，在生命線中部以下，如果有不規則旁紋多條伸向月丘的方向，這些線紋叫做疲勞紋，表示此人勞碌，一生都在忙，晚年的健康會很差。

由生命線開端不遠處分出一條紋，這條紋表示生活一天天進入佳境，光明就在

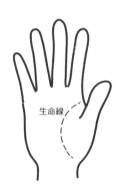

生命線

眼前，前途大有可爲，如果這條線在開始分支的地方中斷或分支不久就中斷，表示前途有障礙。

　　和生命線分支出來的希望線的位置差不多的地方，有一條在丘斜出的短紋是千萬不可誤以爲是希望線的中數，因爲那一條叫做引薦紋，引薦紋是表示先輩、上司以及有力的叔伯的引薦，也就是一般所謂的「遺蔭」，有這種紋的人，多數能坐享其成，和希望線有同等好處，紋愈明顯祖蔭愈多，反之，則愈少。

　　生命線在開始處有向上的分歧，是不好的象徵，表示在生活的過程中不正常，而本身則存在神經質，對不相干的事情喜歡關心。

　　生命線出現一大串的鎖狀紋，是顯示著身體瀍弱，缺少抵抗力的象徵，當疾病痊癒後，要留意經常的復發，藥品成爲這種人長期伴侶，有這種紋的人要隨時留意生活飲食及保持清潔。

　　生命線中斷一處或兩處，每一段紋相距約三公分，表示一生中會有多次大病，斷紋離愈闊，暗示疾病拖延愈久，兩段交錯，則暗示痊癒得很快，在斷紋介面之間的距離一點五公分以內的，表示疾病多而輕。

　　在生命線中間出現島紋那是最惡劣的現象。儘管體質好的人，也會被疾病纏身，罹患疾病的年齡，有明顯的區別的。在中線以前出現的島紋顯示精力已趨衰退，同時有生命危險。

10、觀指甲識對方

指甲的形狀可以看出一個人的性格和健康情形。凡是指甲長短、闊窄、厚薄適度，爲手指第一節之一半，色澤紅潤，這是正常健康的指甲，這樣的人，理智充足，生命力強，而有平和文靜的個性，如是過闊或過窄則爲缺點；指甲面闊者抵抗力強，頑固不靈。指甲面過窄者，懦弱不振。性質硬和厚的，表示生命力充足，自視極高，主觀極強。性質薄弱者，先天元氣不足，缺乏礦質，而有神經衰弱。質脆的，處事多緩而穩定，傾向幻想，逃避現實，喜歡詩歌、繪畫、美術、哲學。指甲橫形者：主靈活、踏實、魄力充溢、分析事物不落幻想，喜歡探索手藝、機械工程等技術性工作。指甲短而尖形者：主觀強，固執己見，不易說服。指甲極短而闊的；神經過敏，好爭辯。短而成平面狀的指甲神經欠缺平衡，易發怒，遇事缺乏主張，經常要依賴別人的意見。女性有長而呈卵形者，其性質接近藝文，具有創造力。有短而生卵形者，具有文藝才能而志向很大，指甲圓而平者，喜歡處理家務，屬於賢妻良母型。

11、觀體型識對方

（1）肥胖型、脂肪質類型—— 躁鬱質

這種人能夠優越地順應周圍開放的形勢，大多屬於活動性的人，給予人溫馨，無論什麼事都照做不誤，

雖然他們常施詭計偷懶，但還能被周圍的人所諒解。這種人活潑開朗，充滿社交欲，善良而單純。

（2）稍見瘦削的健壯類型—— **偏執質**

　這種人有堅強的信念，充滿自信心，無論在多麼艱難的環境下，都奮鬥不懈，百折不回。這種人也有蠻幹壞事的一面，專制、高壓、不信任人、橫暴等。

（3）瘦弱型而有心事的類型—— **分裂質**

　瘦弱型中，有些人隱藏心事，在外表上引人注目，但卻無法接近。瘦弱的女性，大多是個性剛強，一生氣的話，都會歇斯底里，這種類型的男女，大多是冷靜、沉著的性格，但因其性格複雜，很難用適當的語言來說明。

（4）體格強健類型—— **執著質**

　肌肉發達、筋骨強健，體態勻整的人是道地的執著質人。常常以秩序為重，講求理義，但速度遲緩，說話繞大圈子，嘮叨不停。

（5）娃娃臉的未成熟類型—— **歇斯底里質**

這種人以自我為中心，個性強，屬顯示性格。知識廣博，言談風趣，但每句話多以「我」字開頭，不離自我表現。

（6）瘦弱而線條纖細類型—— 神經質

非常敏感，留意身邊人的動靜及缺點。文靜、真誠、馴服，沒有自主性，性情易變，且不易相交，但他們遵守約定，注重禮節。

12、觀臉型識對方

在現代觀人上有很重要的兩句話，無論是交友（識人）或發展事業（用人），都要先有「自知之明」，另外才是「知他人」。

（1）領導者的面相

領導者的特質是要具有向上心，積極性，不怕難，有個性，頭腦要靈活且富決斷力，不可優柔寡斷，有計畫力，且能為他人著想，能辨是非。

面相特徵為：臉要大，筋骨也要

大，表示有魄力。額頭要寬大，表示有廣博知識和尊嚴。鼻子要高、要厚、要大，表示富生命力、實行力，運勢強。目光炯炯有神，眼尾要長，表示做事冷靜，不會衝動。耳朵大又有肉，能容納不同意見。口唇大而緊閉，表示有氣魄。下顎突出最好，表示意志力強。

（2）參謀者的面相

不是主管的參謀人士的特質是知識要廣博，富有計畫力，能條條有理地陳述想法，要會冷靜思考，不爭強，自我意識不可太強，自然謙虛。

面相特徵為：逆三角形臉，即額頭要大，下巴小，表示知覺神經發達，對客觀形勢有迅速反應及判斷能力。目光堅定且有冷靜的感覺，眼尾要細長。鼻翼和鼻孔適中，不必過大。嘴小為佳，表示保守謙虛。下顎不要太突出，腮骨更不要突出，才不會有背叛心。耳朵上緣不要尖，愈圓愈好，耳小一點無妨。

（3）有擔綱主管的面相

主管的特質要有膽識，不畏首畏尾，對突發事件有應變能力，做事果斷明快，有堅忍不拔的精神，不輕易將喜怒擺在臉上。

面相特徵為：側面看額頭要直如絕壁，表示率直不畏縮。眉毛

要長又有氣勢，表示富積極性，不會膽怯。眼睛不須大但眼球要大，目光炯炯，表示有意志力。鼻樑要隆起，表示性格剛直。鼻翼要大旦鼻孔橫寬不露，而會沉穩不怕困難。口大而緊閉，熱情膽大。耳朵堅硬耳孔又大，表示個性勇敢。下顎突出，意志力強。

（4）成功職業婦女的面相

女強人的特質是眼睛要黑且大，具迷人色彩，要有正義感，個性直，同時要具備領導人的氣質。

面相特徵為：側面看，額頭、臉頰、下顎均有骨隆起，代表知識豐富，主動積極，意志力強，特別適合發展事業。

嘴要緊閉，不露齒。

鼻子要高挺，觀骨要高聳，才有社交緣。

（5）老實職員的面相

一般職員的特質是正直老實，不欺騙人，心地善良，頑固又不

通融，精神安定不隨便附和他人，冷靜不易興奮。

面相特徵為：臉面寬大又有稜角，表示老實且易信任別人。

額頭很寬，這是常識豐富且善良的表現。

下顎突出，表示意志力強且略頑固。

眼光堅定不亂移。口大而緊閉，保守老實。

（6）能出人頭地的面相

能出人頭地的人的特質是身體要健康，生命力強，富於行動力，潔身自愛，合群，有禮貌，知識廣博，面相特徵為：臉形對稱而平衡。額頭要寬而飽滿。眉毛長又整齊。眼睛要細長，又有高而大的鼻子。

嘴大又緊閉。最好是從額頭正中土方直到山根有一條直紋，將來有大發展。

（7）熱情人的面相

熱情人的特質是具行動個性，觀察力強，熱得快冷得也快，經不

起誘惑及考驗，眼睛又圓又大，眼珠也大，感情豐富，此種人大都有雙眼皮，易投入工作。

面相特徵為：眉毛直又長，表示對事務會全力投入，工作認真。鼻子高又齊但不太大，肉又薄，沒有權力欲。

唇色紅，上唇也厚，有強烈愛情欲。

下顎承漿較凹陷，表示較專心。

（8）個性隨和的面相

個性隨和者的特質是金錢上比較看得開，但自制力弱，愛虛榮，缺乏計畫力，做事粗枝大葉。

面相特徵為：眉毛成八字形，表示有浪費個性。兩眼間過寬，表示度量很大，用錢大方。下眼瞼下垂，自我抑制力弱，缺乏計畫性。

鼻翼不大但鼻孔大，愛花錢，也很虛榮。

口大又不緊閉，做事有虎頭蛇尾趨勢。

（9）好與人爭的面相

容易跟別人起紛爭的人的特質是自我意識強，喜歡批評別人，非常自滿，且性急易怒，占下風時就覺得很難受，愛爭鬥，自我本位主義，此種人不好相處，當然也就不是合適的夥伴。

面相特徵為：額頭狹窄，短視近利。眼如四方形，猜疑心強且待人嚴苛。

顴骨過於突出，好鬥心強。鼻樑過高，表自我優越心強。

口唇突出，好與人爭辯。耳無肉且薄，度量小。眉毛常聳動，易生爭執。兩眉間距太狹窄，個性急躁。

（10）易犯罪者的面相

容易犯罪的人也有特質，那就是自我顯示欲強，但意志力薄弱，群己心也弱，性急又愛發怒。

面相特徵為：臉形不正，耳、眉、鼻、口五官等也不正，對任何事都有偏激感。髮際不直有鋸齒狀，有反悔背叛性格。眉間及兩眼間距狹窄，個性急。沒有眼尾，眼睛很圓，情緒不穩定，不安，視線飄移不定。顴骨太突出，易紛爭。

下顎極端大或極端小，臉形感覺不平衡，缺乏自制力。腮骨極

端突出，心地不好，賊相。

13、觀五官識人術

（1）**眉毛與性格：**眉毛濃密的人功名心重，注重品格，善於社交；眉毛稀薄的人不重名聲，其性格隨和，受人歡迎；眉間寬的人豪放磊落；眉間狹窄的人屬閉鎖性，自我去位。

（2）**眼睛與性格：**大眼睛的人視野廣，有制服他人的威力，心胸大，有佔有欲；眼小的人溫和，小心謹慎，性格內向，非社交型，有攻克性等特徵；眼尾上吊的人自尊心過強，沉浮也較激烈；眼尾下垂的人易為人注目，特別是受上了年紀的女人喜愛，喜歡與異性交往。

第二章

面相與命運

1、貴人之相

頭髮稀疏而顏色黑亮，額頭豐潤而寬廣，天中、天庭無瑕，日月角突起者，是貴人之相；又額頭有王字形的紋理，會有出人意外的飛黃騰達。「重瞳」，即有兩個瞳孔的人，是生於貧寒卑賤之家卻能晉升到高位的人。

古時候的舜、項羽，據說都有重瞳。眉尾的毛不紊亂且比眼睛稍長，外形好看者，是能在社會上揚名之相。鼻子隆起且大，嘴巴大而緊閉，牙齒整齊，兩頰到頤的肉豐滿者，亦爲貴相。

他們都出生貧家，年幼時爲人奴隸，歷盡艱難險阻，有朝一日風雲際會，成爲一國之相或將軍的人；或者是未受過學校教育而淪落社會的低下階層，卻因爲碰到好運而遷升到高位的人基本都具備這種相。

2、富豪之相

現今實業界的名人，有很多是未曾繼承雙親的財產而僅靠一雙手奮鬥出來的，即所謂「白手起家」者。若仔細調查這些人的幼年、青年時代，大致上都是名不見經傳的窮人家出身的，他們能夠成爲今日的富豪，都是因具備著成爲富豪的運勢，同時也具備富豪之相。

頭頂頭髮稀疏、光亮、渾圓，耳朵上半部稍微突出，耳角胖嘟

嘟的樣子，整體看來不小，額頭寬廣，顏色淡紅光亮者，是富豪之相。鼻子比較大，鼻尖稍微突出，且頤的骨頭向兩旁突出，肉多豐厚，色澤鮮明者，乃是富者之相，若其頤並不豐滿，但正面看時看不到耳朵者，也是富者之相。

3、長壽之相

即使有家財萬貫也難以購買人的壽命，財富只要靠某種程度的努力即可獲得，而壽命卻是不可多得的，尤其要活到八、九十歲的高齡，更需要造化的恩賜。大抵長壽之相貌，基本具備如下特徵。

眉毛在人相上又稱「長壽官」，故眉毛端正，成一字形或稍成新月形者，有五十歲以上的壽命。又若長有一兩根很長的眉毛，顏色鮮麗，眼睛、鼻子、嘴巴間的距離寬裕且閃著光澤，臉看起來不肥不瘦相當均衡，使人一看就感覺此人品格高潔者，是長壽之相。

4、四海揚名之相

這種人既不是富豪，也非居高官者，但其人的名聲在社會上如雷貫耳，無人不知，即所謂名噪一時之人。

此種相大多為異相，眉毛濃而不亂，且顏色黑亮，眼睛明亮清澈、眼光懾人，鼻子高聳端正，嘴巴方正、吐音朗朗洪亮，生氣時可以驚天地泣鬼神，發笑時又如小孩，使人感覺親切者，謂之四海揚名之相。

5、相隨心生

　　古時候有一句諺語說：「有心無相，相隨心生；有相無心，相隨心滅。」這句話說明：一個人的相貌是會隨著他的心念善惡而改變的。

　　縱使他現在已經有了兇惡的面相，可是他卻經常起慈悲心，那凶相不久便會轉化為吉相。反過來說，縱使他現在滿臉福相，如果他不知行善積德，經常起貪愛和憎恨的念頭，那福相便會逐漸消失。

（1）散財取義，改變命運

　　清朝光緒年間，杭州有一位非常出名的算命先生，名叫陳七。由於他的面相術很靈驗，所以大家給他取了一個「鬼眼七」的雅號。

　　當時杭州有一位富商名叫薛二。他邀了兩位朋友去看相。

　　鬼眼七這位相師判薛二的第一位朋友說：「你秋季後會升官！」判第二位朋友說：「你一個月後會得財！」相師看了薛二，大吃一驚，說：「你面有灰泥的顏色，恐怕逃不出五十日會斃命，可能活不過中秋節啊！」

　　薛二的第一位朋友是衙門的文書。有一天，他行走山路時，聽說巡撫大人到山中打獵，他就駐足觀賞。不久，看見一隻大灰熊追

趕一個人。他爲了救人，在路旁撿起木棍，直撲上前，與大灰熊搏鬥起來。過了一會兒，又來了好幾位軍爺，才合力把大熊打死。事後才發現：大灰熊所追的人就是巡撫大人，巡撫大人爲了感謝他的救命之恩，便保他升爲一個小縣的知縣。

薛二的第二位朋友是一位秀才，他的祖父病危，通知在外的子孫回來送終，並且吩咐家人：「誰先回家，就把後花園所埋的五千兩黃金送給他。」由於這位秀才的孝思很濃，所以連夜趕回故鄉；他到了家門，祖父尚未斷氣，立即贈送他五千兩金子。

薛二眼看跟他一齊算命的兩位朋友都已應驗，認爲自己大概難逃厄運了，於是拿出錢財，廣行善事，造橋舖路，施棺施藥。他想：死亡遲早會來，我有什麼好擔心和憂慮的呢？

有一天，薛二到錢塘江去散步，看見一個人好像想投江，薛二立即上前，把對方抱住，並且問他輕生的原因。

他回答：「我名字叫胡瑞，是揚州人。我集中數位兄弟的資金來杭州買貨，不料昨夜一陣颶風，使貨船沉沒，我雖保住一條小命，但想來想去，無顏返回故鄉，不如一死了之，所以才想投江自盡。」

薛二聽了，好言相勸，並且捐助他兩千五百兩銀子。胡瑞請薛二留下姓名，薛二堅持不肯。

中秋節過後半個月，薛二在街頭漫步，又遇到相師鬼眼七。鬼眼七驚訝地說：「薛先生！你臉上灰泥色不見了！你應死不死，必定做了大善事，將來還會得上壽呢！」

這時候薛二心裡才明白「相從心轉，爲善保壽」的道理。他對

相師笑笑，說明原委，並且感謝他指點。

後來，薛二一心向善，活到九十歲才無疾而終。（《命運在您心上》第十九頁）

（2）修堤興學，相貌顯貴

溫汝適，別號坡，是廣東省順德縣龍山鄉人，乾隆四十九年考取進士（他尚未發達以前，相師說他這一生只能做到四品官）。

乾隆五十九年，廣東的至大堤圍崩決。溫汝適因為丁憂返鄉，目睹百姓流離失所。他知道修築堤防不是一件易事，依照舊例都依據田地大小徵稅，可是他沒有完全依照以前的方法，他勸順德縣的富豪，捐資完成堤防的修築。除此之外，他又設立義學，樂於行善助人。

後來，他回到京城，那位相師看了他的面相，很驚訝地說：「你回鄉一定種了許多福德，不然面相和骨格怎麼改變許多呢？你可以升上兩品官了！」

溫汝適把經過告訴相師，相師笑著說：「相由心生，你的前程不可限量啊！」

後來，他歷任廣西、四川和山東的主考，又主持陝西甘肅學院，升到兵部侍郎。他的兒子溫承悌，道光六年考取進士，進入翰

林院，做了刑部主事官。（《因果報應之理論與事實》第二七七頁）

（3）相隨心轉，枯榮立現

宋朝時，有高孝標和高孝積兩個雙胞胎兄弟，言行舉止和才思穎悟都像同一人。十六歲時，他們一齊考上秀才。婚後，父母為了使媳婦能辨認自己的丈夫，命令他們穿著不同衣裳和鞋子，以便辨認。

有一天，他們遇到陳希夷先生，陳希夷看了他們的面相以後，說：「你們兩人眉清目秀，鼻樑挺直，嘴上有紅色的痣，耳白而輪廓鮮紅，氣清神澈，都是科第中人。況且你們現在眼耀彩色，必主同科高中！」

到了秋試時期，他們兄弟便同時赴京，寄住在親戚家裡。鄰居住了一位年輕貌美妖豔的寡婦。孝標一心向學不為所動。孝積把持不住，竟然跟那少婦私通。後來被人發覺，告訴寡婦族人。寡婦畏罪，竟然投河自盡。

秋考完畢，他們兄弟又去拜見陳希夷先生。

陳希夷看了大吃一驚，說：「你們兄弟二人的相已經改變很大了，一位變得更好，另一位變得很壞。孝標眉現紫彩，眼耀文星，必定高中。孝積翠眉有變，雙目浮晴，朱唇色黯，聳直的鼻樑赤而黑，白色的耳朵乾而焦，神色頹然枯槁，氣冷而散，這一定是損壞道德而使面相改變。這場考試不但考不取，反而有夭亡的預兆。」

放榜後，孝積落第，抑鬱而死。

後來，孝標當了大官，聲名顯赫，子孫眾多而且賢能。他七十大壽時，陳希夷先生也來祝賀，並且即席發表感想：「看出一般人的面相是容易的！但是人的命運卻不容易說得絲毫不差，因為命在天，相在人為。如果能順應天理，合和人事，則世世必昌。」

人的精神忽聚忽散，人的志氣忽鬆忽弛，有諸內必形諸外（有了心念就會影響相貌），上蒼大公無私，福可以因為罪惡而消滅，罪也可以善功相贖，生於心而發於面，逃不過他人的一雙眼睛，這叫做福禍無門，唯人自召。」

高孝標全家老少，對陳希夷先生所說求福避禍的道理，非常欣賞和佩服，大家用筆寫成座右銘，時時加以警惕。（《命運在您心上》第十四頁）

（4）酷愛垂釣，吉相變凶

童年，我是幸福美滿的，父親是位信用誠實，且熱心助人的善良商人，母親更是勤儉持家，家境安康有餘，一家大小歡樂融融。

每當夕陽染紅天邊，父子倆總會出現在蘆葦叢影的溪畔釣魚，這是父親唯一嗜好，由於勤勞經商，平時很少休假，都利用晚上到溪河垂釣，而我亦成為當然伴者。

父親是位釣魚老手，無論技術，或魚訊都很清楚熟練。手釣嘛！一盞小燈直照浮標，只要浮標上下浮動或閃動，適時揚竿一拉，少有落空，遇上釣到大尾時，則需忽緊忽鬆，隨著魚兒掙扎方

向，順著牠折騰一番才拉出水面，再用手網網上。每當拆鉤時，有時魚嘴、魚眼都給鉤破了，而魚嘴還一張一合喃喃的，似是埋怨，又像是咒罵。當用輪釣時，釣鰻魚更是可憐，由於鰻魚吃東西是用吞食的，所以連魚鉤一起吞到肚子裡，每當拉起時，鰻魚絞痛的身形「打結曲」扭成一團，狀似非常痛苦，如今想起，釣魚真是殘酷，也真是愚癡！

國中畢業不久，有一天從外面回來，剛一踏入家門，只見母親和兄姊們哭成一團。父親得胃癌了，看到這一幕情景，內心激起了一陣陣的抽痛與哀傷，全家籠罩在一片愁雲慘霧之中，而過去所憧憬的美滿家庭，天倫之樂，一剎那間也化為烏有。

父親送醫時，母親淚流滿面哀求醫生，無論如何要救救他，醫生剖腹檢視後，又將之縫合，搖搖頭說：「沒有救了。」

如此輾轉送醫，剖腹縫合，經歷三次，最後一次在家人要求下，勉強將胃切除，其實癌細胞已擴散到其他部位了。父親從醫院返家後，雖然家人百般安慰，然而他知道自己已經沒有希望了，由於痛苦不斷折磨，肚子也日漸擴大，每當父親呻吟哀號，翻來滾去時，我總是想到鰻魚被釣上，掙扎成團的情形，同時也想到父親釣魚返家殺魚剖肚，就和他在手術臺上的剖腹手術並無兩樣啊！就這樣每天痛苦哀嚎了數月，父親終於與世長辭了。

出殯那天，整條街的人家，都自動設香案送別，並且到處談論惋惜著說：「阿龍這個人，這麼善良，熱心助人，怎麼會這樣早逝，天公真是沒眼睛喔！」

母親一聽，更是涕淚俱下，抱著棺木，哀喊著：「你怎麼這麼

狠心離我們而去，相命的說你人中很長可活百歲，想不到你這麼早就去！」年少的我，只能在旁跟著哭泣，唉！真是無常啊！

　　一直到我長大學佛以後，我才瞭解，雖然家父一生行善，但是不知佛理，不懂因果，以釣魚為嗜好，為娛樂，殘殺眾生無數，雖有長壽相，但殺生是最容易受現世折壽報的，況且殺生果報是最難承當的。由平時皮肉撞損綻裂，痛苦難堪的狀況，可知被剖腹取臟之苦痛與忿恨，無怪乎佛教五聖戒，要以戒殺為首要。

　　由於父親釣魚受現世報，因此我要奉勸以釣魚為嗜好的人們，因果是絲毫不爽的，殺生果報最是可怕，釣魚是殺生的行為，不應當把它當做樂趣，趕快回頭吧！假若能皈依三寶，時時在佛菩薩前懺悔，定能減輕自己的罪業，努力學佛行，終有解脫的一天。（《人乘佛刊》第十卷第二期）

（5）草菅人命，損壽減祿

　　唐朝時，有一位尚書，姓蘇名，年輕時有人替他看相，看相的人告訴他：「你將來會當到尚書，最後是二品官！」

　　蘇病危時，請靈媒來看病。靈媒說：「您的壽命已經到盡頭，無法再延長了！」

　　蘇把看相者的話告訴靈媒，靈媒說：「本來確實如此！因為您做桂府時，曾經殺了兩個人，他們在陰間控告您，所以才減少您兩年壽命，而且當不到二品官！」

　　蘇菿臨桂州時，曾經有兩位官吏控告縣令，蘇一氣之下，殺死

那兩位官吏。蘇想起這段往事，長嘆而死。（《廣異記》、《歷史感應統紀》第三卷第九十四頁）

（6）拯饑救溺，福澤綿長

廣東鼎湖山慶雲寺的主持大慧長老，養氣悟道的工夫相當深厚，知道一些天機。他已經七十多歲了，卻仍然仙風道骨。雖然他精通醫術和面相，卻不隨便輕易表現。

當時高要縣的縣令來到慶雲寺遊覽，隨行的有位姓劉的幕僚官，因為與大慧長老熟悉，知道他精於命理，便告訴縣令。縣令便請大慧長老為自己看相。

大慧長老推辭不了，只好勉強答應縣令的請求。他請縣令躺著休息，而自己垂眉合掌，盤腿端坐約半個小時。接著又請縣令垂足閒坐，心情放輕鬆。

大慧長老定神凝望，便以佛偈告訴縣令說：「生靈操在手，積德能保壽。」

縣令又問：「我的前途如何呢？」

大慧長老微笑地說：「老衲愚昧，不敢預言您的前程。大德之人自有福澤。只要您能保持虔誠的仁愛心，便是縣民的大幸。」

縣令知道大慧長老不輕易暢談，發現他說話很含蓄。於是茗茶完畢時，便請劉幕僚官私下去探問玄機。

　　大慧長老坦白告訴姓劉的幕僚官：「老衲觀看縣令的相，發現他臉上的光華和瑞氣已經消失了，呈現灰黑色的氣。他的掌上產生暗白的氣色，他的壽命恐怕不出一年。幸好原來的氣色尚未退盡，表示：險中有救，命不該絕。他身為百里的父母官，舉手投足，佈施政令，關係著百姓的性命安危。如果他本著一念的善心，去拯救溺水和饑餓的百姓，未嘗不可以造福萬民。所以老衲最後斷言他積德保壽，並不是空口亂說話啊！」

　　姓劉的幕僚一直點頭說：「是！是！」

　　他不敢直接把話稟告縣令，只是委婉地告訴縣令：「老僧的意思是：尊縣在數個月內，必須做出一件拯救許多蒼生的善事，才可以增長壽元！」

　　不久，西潦一帶氾濫成災。洪水在一夜之間漲了數尺，淹沒了農田，接著又淹浸許多房屋。不少災民身溺水中，疾聲呼救。

　　縣令親臨附近的高崗瞭望，驚心慘目，一時無法處理善後。只見年壯而且勇敢的鄉民紛紛駕小船逃命，但是年紀較小的孩子、嬰兒卻沒人援救，任他們在水中浮沉。

　　見到這種情景，縣令突然下令：救起一位小孩的人，可以獲賞一兩銀子，多救多賞。於是，有船的人家相繼出動拯救小孩，一共救了四百多位孩子。

　　後來，縣令升任惠州的知府。當他路過羅浮山時，又會晤了大慧長老。大慧長老一看見他，便說：「阿彌陀佛！善心人終於得到報應，您的福澤以後綿長了。」（取材於《命運在您心上》第八頁）

（7）克己助人，面相遽變

趙明甫，字仁美，是天水人。

他精通春秋三傳（左傳、公羊傳、穀梁傳），起初他只做了江表太興縣的縣尉，因為政績很好，而升任蒲縣的縣令。

他一向明白自己的福、祿、壽。他時常告訴別人：「我的官位不會超過邑令，我的壽命不會超過六十歲，現在我已經五十四歲，為期不遠了。然而，我還有一件心事未了，就是女兒尚未嫁人！」於是，他便請人物色縣裡有道德、學有所成的人做女婿。

恰巧有一位算命先生經過，拜訪趙縣令，談及縣令的官祿與壽命，跟縣令本人的看法完全一樣。縣令說：「這些事情我也曉得，我只有一個女兒還沒嫁人，其餘就沒事了！」

不久，他為女兒找到一位婢女，幫忙料理家務。有一天，他叫婢女去打掃庭院，婢女忽然傷心地哭泣起來。

趙縣令問婢女：「妳為什麼哭呢？」

婢女回答：「我姓干，家父曾經當過這縣的縣令，我也在這裡幫過忙，因為想到過世的父母，所以不知不覺就淚流滿面！」

趙縣令問：「令尊的大名怎麼稱呼？」

婢女答道：「家父名德麟。」

縣令想了一想，說：「妳是我的親戚，怎麼結果會變成這樣呢？」

婢女回答：「我小時候遇到兵荒馬亂，被人掠去賣，所以才落

得如此下場！」

　　趙縣令告訴妻子說：「我們的女兒不怕嫁不出去，她的嫁妝暫時停止購置，我們先把這位女子嫁出去！」

　　於是，縣令便對大家說：「我最近認了一位侄女，她要先許配給人！並且爲她選了一位賢良的夫婿。」

　　隔了幾天，那位精於看相的算命先生在半路上遇到縣令。他看了一下，便奇怪地說：「您的容貌怎麼變得這麼快呢？」

　　因此，他隨縣令返回衙門，一再仔細觀看。他告訴縣令：「我上次看您的面相，壽命不長。今天看了以後，發現您的福祿與壽命改善了許多。難道您在政壇上有什麼特別的作爲，不然，就是替人平反冤獄？」

　　縣令回答：「沒有啊！我只是幫一位孤女辦理喜事而已！」

　　算命先生說：「這就對了！除此之外，又有什麼好求的呢？」

　　後來，趙縣令果然活到高齡。（譯自《搜神記》、《宗人筆記》、《因果報應之理論與事實》第二八八頁）

（8）心存善念，逢凶化吉

　　從前有一位書生，姓焦名雄，與數位同學赴京趕考。

　　有一天，他們將船停在岸邊，正好遇到一位算命先生。算命先生告訴焦雄說：「閣下眼光的神失散，鼻準呈現赤色，臉色和皮膚的顏色好像豬肝，都是凶兆。你這次赴京，不但無法高中，恐怕還要防著死神降臨，你不如返鄉爲妙！」

　　焦雄聽了，雖然心生不悅。但是他曾經讀過聖賢書，心性還相當善良。他連忙向算命先生道謝，並沒有把算命先生的話記在心上。

　　翌日，船樓上有一位婢女，將水潑到河中，不小心遺失了一個金手鐲。金手鐲夾在船舷的縫隙中，被一位水手看見，藏在他的懷裡。

　　過了一會兒，船樓上傳來了一陣喧鬧聲。女主人指責婢女偷拿金手鐲，婢女無以自白，從窗蓬上竄出，想要投水自盡。

　　焦雄本來就非常善於游泳，看見婢女投河，他急忙下水，救起婢女，並且暗中尋找水手，交還那個金手鐲。不但婢女的冤情大白，水手也沒有拾遺的惡名，真是一舉兩得。

　　由於風浪過大，船被迫停留了十幾天。恰巧那位算命先生又來了，看見焦雄，凝視了好一陣子，便拱手祝賀焦雄說：「公子有了善行，逢凶化吉，已經把戾氣化爲祥光了，真是可喜可賀！」

　　焦雄問：「您爲何這麼說了？」

　　算命先生回答：「相公鼻頭的氣色，從前是赤色，現在已經變爲嫩黃了。雙眉有紫彩而帶潤，雙目像龍鱗那麼光亮明澈，臉上呈現五彩，表示文星顯現，你必定可以高中科舉。」

焦雄搖搖頭說：「船被風浪耽擱多日，就算今天開航，算一下日期，連考場都趕不上了，哪能再談到功名呢？」

算命先生再仔細看他的面相，斷言說：「我觀察你的氣色，已經改禍為祥。你此行必然考取功名，前程遠大。即使趕不上應考，也可遇到特殊的皇恩，你不可不去！」

焦雄因此決心進京。當他抵達京城時，忽然聽說考場失火，試卷付之一炬。皇帝下令重考，焦雄便得以入場應考。他果然文星高照，大魁天下。在放榜前，有孩童唱歌說：「場中不失火，哪得狀元焦？」意思是說：如果考場不失火，哪裡能得到姓焦的狀元郎呢？（《命運在您心上》第七頁）

（9）保持正念，化解凶相

徐性善與楊宏是好朋友，他們赴京趕考時，住在同一棟屋子。有一位精通面相的高僧告訴他們：徐性善會餓死，楊宏會成為政要名流！

那一天夜晚，楊宏突然想到屋主有一位年輕貌美的千金，因此他就計畫用厚禮行賄求歡。他邀徐性善一齊去，徐性善嚴詞勸阻他。

翌日，那位精於面相的僧人又來了，看了徐性善的面相，大吃一驚。他說：「且夕之間，你怎麼滿臉陰騭紋呢？你將來一定會顯貴。」

神僧又看了楊宏的面相，說：「你的氣色比昨天差多了，你雖

然能跟徐性善一齊考取功名，可是名次遠不及他！」

放榜後，神僧的預言果然應驗了。

徐性善因爲楊宏得到福相，而楊宏的前程卻又賴徐性善的勸阻而得以保存。片刻的正念，成就了兩位書生的功名，或者也是老僧那番話的激勵呢？

如果不是徐性善的福至慧生，則他勢必終生卑微，而本來應當顯貴的楊宏可能會喪失功名，我們能不對老僧的相術感到驚訝嗎？（《感應篇注訓證》第一六五頁）

（10）為民忍辱，化解三煞

有一天，東漢光武帝的第八個兒子東平王出外打獵，在路上遇到一位老先生。老先生拍手唱歌說：「人死爲羊，羊死爲人，無人知覺，可悲可笑！」

東平王覺得奇怪，便停馬問他。老先生回答：「我聽說四川中部有一隻猿猴，有人抓了猴子，母猴便肝腸寸斷。柳州也有一隻小狐狸，抱著母狐狸的皮，碰撞石階而死。雖然牠們都是禽獸，也知天性，何況您面帶三煞，更宜多行善事，而改凶相爲吉相！」

東平王問：「做什麼善事可以改掉凶相呢？」

老先生回答：「您貴爲王爺，什麼善不可以做呢？只要您說一些有益老百姓的話，凶相就會改變。」

三年後，東平王又遇到老先生。老先生走向東平王的面前，向他恭喜：「殿下的肚子裡已經產生堅固子了！」

東平王問：「怎麼見得呢？」

老先生回答：「我看您的神滿氣充、聲音和雅、眼睛一點都不昏晦而且表現出定力的光芒，這跟三年前已經大不相同了！」

東平王問：「什麼叫做堅固子呢？」

老先生回答：「凡是成佛作祖的人，有了舍利子，便成金剛不壞之身，眉間時常放出光明。積德的人，性行和善根堅固，肚子裡便產生堅固子，眼睛必充滿定力的光芒！」

東平王說：「我沒積什麼德，只是當我為民服務，被毀謗時，忍辱不退而已！」

老先生說：「您忍受毀謗，為民請命，不知有多少生靈得到益處了，很好！很好！我想您將要增添壽命了！」(《命運在您心上》第十頁、《前漢書》東西王傳)

（11）修行解厄，逢凶化吉

　　邱長春來到河東時，看見一座莊院開著大門。他便想進去化齋，正好有一個小廝走了出來。邱長春說：「我是遠道而來，特到善莊化一頓飯。」

　　小廝聽了，即入內去，過了一會兒，手中捧著一盤飯菜出來，放在莊前的石墩上，請長春用飯。

　　當長春正要來吃時，忽然看見一位五十餘歲、鬚髮半白的老先生從裡面走出來，瞧了長春一眼，用手在盤內取了兩個蒸交給長春，其餘的叫小廝端進去。

　　邱長春心中不太高興，對老先生說：「那位小哥捧飯食出來，與貧道結緣，您爲什麼叫他端回去呢？莫非老先生捨不得，或者貧道不堪消受，請您明示！」

　　老先生笑著回答：「只有一頓飯，我怎麼施捨不起呢？這是因爲道長無福消受啊！」

　　邱長春大驚說：「我連一頓飯都消受不得，其中必有緣故，希望老先生明白教導我！」

　　老先生答道：「愚下自幼精通麻衣相法，行走江湖多年，斷人窮通壽命、榮枯得失，毫不差錯，江湖上給我取個綽號，叫做賽麻衣。剛才我觀看道長的相貌，是不得吃飽飯的。如果吃飽一頓飯，便要餓上好幾頓，不如少給一點，使你頓頓有得吃。這是愚老一番好意，非捨不得也！」

　　長春聽了，點一點頭說：「老先生正說中我的敗處，不差分毫，請您爲我重相一遍，看我修行能成道否？」

　　賽麻衣又爲邱長春仔細看相一番，然後說：「不能！休怪愚下

直言，我看你鼻端兩條紋路，雙分入口，這叫做蛇鎖口，應主餓死，其餘別處部位雖美，然終不能免此厄。此厄既然不能免，又怎麼成道呢？」

邱長春問：「這凶相可以改嗎？」

賽麻衣答道：「相定終身，有什麼法子改變呢？除非死了一次才能消除。不管你是富貴貧賤、在家出家，該餓死的終究會餓死，逃躲不過，無法可解。我說幾個古人的例子給你聽聽！

周朝末年，趙武靈王有餓死的面相，他的兩個兒子爭奪王位，恐怕他有變愛的心，將宮門封鎖，並派士兵把守宮門。兩個兄弟的部隊在宮外相殺，長達數月之久，宮中糧食斷絕，宮中的人大多餓死，趙武靈王餓了七天，未沾茶水，看見宮前樹上有個鳥巢，爬上長梯，只拿到一個鳥蛋，正當他要吃蛋的時候，大鳥飛來，他嚇了一跳，手一放鬆，蛋掉落地面而被摔爛，竟然餓死。

漢成帝時，有一位寵臣名叫鄧通。算命先生預言他會餓死。於是，他便稟奏成帝說：『臣鄧通，居家清廉，家無積蓄，相士說我

應該餓死，我覺得家境如此淡泊，將來恐怕當真會餓死！』

　　成帝回答：『朕能使人富貴，也能左右人的生死。相士的話，有什麼憑據呢？朕賜雲南的銅山供你鑄錢，使用一年，便可以得到十幾萬文銅錢。十年以後，你的家產百萬，怎麼會餓死呢？』

　　鄧通自以爲從此以後，便可以一勞永逸，安享富貴。沒想到過了不久，成帝便駕崩了。太子登基後，文武百官奏鄧通狐媚老王，以飽私囊，竟敢將國家的銅山私自鑄錢使用，擾亂金融的罪實在不小。

　　皇上看了本章，心中惱怒，命令刑部官將鄧通的家產沒收充公。姑且念他是先帝的舊臣，不忍心誅戮，打入天牢。許多官員又奏了鄧通的其他罪狀。皇上下令停止鄧通的飲食。鄧通餓了七、八天，臨死時想喝一口水，獄卒突然生起惻隱之心，端了一碗水要給他喝。獄官看見，大喝一聲，獄卒心頭一慌，碗中的冷水傾倒在地上，鄧通活活被餓死。

　　伯夷、叔齊他們兩位賢人知命，情願死在首陽山下。梁武帝和後秦王苻堅不知命，一位餓死在台城，另一位餓死在五將山。知命不知命，該餓死的終要餓死，豈能逃過呢？」

　　邱長春聽了賽麻衣的一番話，心裡涼了半截，辭別賽麻衣，一心想學伯夷和叔齊兩位賢人順天知命。走到溪邊，在大石上餓了八天。因爲他是修行人，神氣飽滿，不輕易餓死。如果換上平凡人，早已一命嗚呼了。到了第九天，上游下雨漲水，邱長春等死等得不耐煩，跳入水中，聞到飄流水中鮮桃的香氣，伸手拿來吃，不覺精神大振，饑渴頓消。

他想：我在水邊命不該絕，一定要在高山上才會死。於是，他走上秦嶺，找到一間人跡罕至的小廟中，僵臥在蒲團上，又餓了八、九天。遇到了十幾個強盜，因為做了一樁好買賣，一來獻神，二來分贓，所以帶飲食來廟中聚餐。其中有位名叫趙壁的強盜叫邱長春來吃湯麵，邱長春不肯吃，他將邱長春扶起來，抱住腦殼，灌了兩碗，邱長春霎時肚裡飽暖，恢復生機，口中埋怨說：「看看我的大事已妥；又遇到你們這些人，弄這莫名其妙的飲食給我吃，使我又要多受一番磨難，真是求生既不可得，求死也費許多工夫！」

邱長春視死如歸、順天知命的態度引起強盜們的興趣，強盜們想接濟一些銀兩給邱長春，他不肯接受。邱長春說：「諸位與我不同，我前生從未佈施救濟別人，所以今生無法消受別人的供養。諸位是前生存有債務，那些人騙了你們的錢財，所以今生相見攔路討取，加倍償還。如果對方沒有欠你們，你們即使遇到他，也輕輕放他去了！」

邱長春一番話，感動那群強盜洗心革面，改過向善。

後來，邱長春想將自己鎖在樹上餓死，有一位採藥人告訴他：「你這麼做實在太傻了！你的迷執多麼深啊！相貌決定終身，只對一般人而言，如果是大善或大惡的人，相貌就不一定準。相有內外之分，有心相和面相。外相不及內相，命好不如心好。大善人的相隨心改變，心好相也變好，該死者反得長壽，逢凶化吉，遇難成祥。大惡人的相也隨心改變，心惡相也變凶，該善終的反而惡死，轉福為禍，喜變成憂。

所以福壽綿長的人一定是忠厚傳家；壽命短促必定為人輕薄；

該貧窮而轉富貴是由於他心存濟世；該富貴反而貧窮的人是因爲他只意圖利益自己；該餓死反而吃用不盡的人，是因爲他愛惜米糧；該吃用有餘反而受饑餓的是因爲暴殄天物；子孫賢貴的人必有好生之德；沒有後嗣的人，大多沒有仁慈心。這是心相的大略，面相又有什麼作爲呢？何況你是大修行人，能扭轉乾坤，改變造化，相怎麼限定你呢？只要你從心性下功夫，有決心、有毅力，有一天必會成就道業。否則憑白餓死，死後也難免當餓鬼，在生既然對衆生無益，死又有什麼用呢？」

這一席話，使邱長春如夢初醒。他努力用功修道，果然修鍊成仙。

後來，賽麻衣又見了邱長春的面貌，大吃一驚說：「老朽只知相面，不知相心。現在道長相隨心變，是我所沒預料到的。從前你雙紋入口，叫做蛇鎖口，應主餓死，如今這兩條紋路，雙分出來，繞在承漿位上，這承漿又生了一個小紅痣，配成格局，叫做二龍戲珠，貴不可言，應受帝王供養，福德不可限量，豈是愚老所能知道的呢？」（《七真史傳》第八十五頁至九十五頁）

（12）發慈悲心，轉化惡相

曹彬是宋朝的一位大將，他幫宋太祖平定天下，功勞很大。

有一天，曹彬遇到精於相術的陳搏（希夷）先生。陳搏告訴曹彬：「你的邊城骨隆起，印堂寬闊，目長光顯，必定可以早年富貴。所忌諱的是頤削口垂，可能晚年沒有福氣。今後你出兵作戰，宜網開一面，得饒人處且饒人，或許可培植一些晚福！」

曹彬聽了陳搏的建議，心裡頗為認同。平時對於蟄藏在地下的各種昆蟲，都不忍心加以傷害。

起初曹彬帶兵攻打四川，佔領遂甯，他部下的將士都主張要屠城，曹彬堅持禁止屠殺。士兵們擄獲了敵方的婦女，曹彬下令開闢房屋妥善地加以保護，絕對不許有姦淫非禮的行為。戰爭結束後，對於有家可歸的婦女，發車旅費遣送還鄉；無家可歸的女子，也都替她們準備聘禮選擇佳偶嫁人。因此民眾都很感謝曹公的德政。

後來曹彬奉命攻伐江南。李煜危急。曹彬派人告諭他：「事情和局勢演變到這樣，我所惋惜的是全城的老百姓，如果您能歸服，實在不失為上策！」

曹彬因為不忍心生靈塗炭，所以當城快攻下來時，他便忽然說自己有病無法去巡視戰事。同僚的武將們都來探望他的疾病。

曹彬對來探病的將士說「：我的疾病，絕不是吃藥能夠痊癒的。只要你們各自誠心誠意地發誓，攻克江南那一天，絕不妄殺一個人，那我的疾病便可痊癒了！」

將士們聽了曹彬的話，大家無不焚香對天發誓。哪裡知道這樣做得到江南的人心，翌日，民眾們都簞食壺漿以迎接王師。曹彬沒用武力就收復江南，他不但保全了李煜君臣，而且保全了千萬人的性命。

　　凱旋後，他只帶一些圖書和衣物回京城。他又遇到陳搏。陳搏
告訴他：「數年前，我看你的相，頤削口垂，那時我認定你沒有晚
福。可是現在你的相已經改變了。你口角頤豐，金光聚耀於面目和
鬢眉，你不但能增加官祿、延長壽命，而且後福不可窮盡！」

　　曹彬問：「什麼是金光呢？」

　　陳搏答道：「金光就是德光，它宛如一種晃亮的紫光。一個人
如果積了大陰德，臉上便浮現金光，眉毛也現出彩光，眼睛表露神
光，頭髮出現毫光，皮膚呈現祥光，身上的氣外明而內澈，不但增
長壽命，而且也能福蔭子孫！」

　　曹彬果然應了陳搏的預言，晚景非常美好，活到九十六歲高齡
才安詳逝世，皇上追封他為濟陽郡王。

第三章

舉止的祕密

　　一個人的舉止，往往向人們傳達了他的內心特徵和為人之道，能夠充分地瞭解一個人的言行舉止，無疑在你選擇合作夥伴的時候，是一個不容忽視的方法。

1、著裝與個性

　　「著裝表現了個性，個性體現了服裝」這個觀念越來越多地為人們所接受，這正說明著裝是個性潛意識的自我流露，美國紐約大學心理學家彼德‧羅福博士說：「一個人的著裝，並不僅表露了他的情感，且可以顯示他的智慧；同時，從他的衣著習慣，更可以透露出他的人生哲學和人生觀。」

　　從著裝方式來看：

（1）**敏感於流行款式。愛穿流行時裝的人**，缺乏主體性，是體制順應型。他們把自身埋沒於多數人中，以此捍衛孱弱的自我；不甘寂寞，情緒多變。

（2）**愛穿樸素服裝的人**，同樣缺乏主體性，亦是體制順應型，只要有可能，他們就想一帆風順，終其一生。

（3）**喜歡整體樸素**，局部俏麗的人，雖屬體制順應型，但也不乏個性強烈的自我主張，有時也會用一些掩飾弱點的「小道具」來遮蓋自身的缺陷，如愛穿超短裙的女性，往往其貌不揚；愛穿粗條豎紋套裝的男性，往往性情懦弱，缺乏自信。

（4）**喜歡穿舶來品的人**，有強烈的自卑感，但卻善於甜言蜜語：他們常常羨慕美好的事物，並自自嘆如，缺乏信心和進取精神。

（5）**穿著馬虎的人**，態度不認真，缺乏機密性、嚴謹性、計畫性，但有實幹精神。他們在學習、生活和工作上，不能十全十美，存在的優勢和劣勢總是對比十分明顯。

（6）**喜歡穿新奇服裝的人**，意欲體現強烈的優越感，喜歡標新立異、引人注目，自我顯示欲極強；但也不乏大膽的想像和創意。

2、從服裝款式來看

（1）**嗜好穿白襯衫的人**，缺乏愛情，清廉潔白，是現實主義者。

（2）**喜歡T恤的人**，雖然樹敵很多，卻是肯努力的。

（3）**喜歡穿系統服裝的人**，待人雖然溫和，自尊心強。

（4）**喜歡穿粗條整套西服的人**，通常對自己沒有信心，但卻喜歡空擺架子。

（5）**喜歡穿背後式兩旁開叉上衣的**

人，具有領導氣派且自我顯示欲非常強。

（6）喜愛穿傳統服裝中山裝的人，具有莊重含蓄的性格。

（7）愛穿西服的人，大多數有開朗、積極、大方的性格。

（8）對運動服、牛仔服感興趣的人，力圖滿足使自己顯得年
　　　輕、活躍、精力充沛的心理需要。

（9）喜歡穿寬鬆大尺寸衣服的人，有擴大自己勢力範圍的欲
　　　望，有在精神上震懾對方的心理。

（10）愛穿墊肩衣服的男性，意欲顯示和誇大男性的威嚴；女
　　　性喜歡墊肩，則為了強調具有緊張的性格。

　所以個性決定著著裝風貌，有意識地擇裝也正是為了展露個
性。

3、吃相猜個性

　心理學家指出，一個人的進食方式可反映他的某些個性特徵。
英國行為學家安東尼博士專門對吃相與個性做了長期觀察研究，其
研究顯示：

（1）食量小，並常將食物分割成若干小塊逐一食用，淺嘗
　　　即可，這種人善於處事，為事謹慎、細緻，不做冒險和
　　　刺激性的活動；有時因過分小心而優柔寡斷，難免流於保
　　　守、頑固和墨守成規，穩健有餘而幹勁不足，雖沒壯舉，
　　　也不會出大錯，通常是守業者而非創業者。

（2）**進食速度快，有點狼吞虎嚥**，這種人個性豪放，精力旺盛，具有人的狂熱，是精力充沛的工作狂，辦事果斷，熱情爽朗，待人真誠。如他們喜歡某件事或某個人時，也會要求對方承諾，是具有強烈的競爭心和進取精神的人。此類型的人應注意避免急躁，克服粗枝大葉的毛病，否則欲速則不達。

（3）**進食速度慢，細細品嘗，細嚼慢嚥**。這種人為事周詳、嚴謹、有耐力，他們不惜花費時間反覆考慮某件事或某個問題，直到認為萬無一失時才會做出決定，無把握的事不做。他們也比較挑剔，特別在選購東西時，事後常會覺得不滿意而要求退換，對人有時過於冷酷。

（4）**進食不加節制，對愛吃的食物一飽方休，常常飲食過量**，這種人大多性格直爽，能團結人，喜怒溢於言表，從不掩飾，愛衝動，不善於控制自己。此種是享樂主義者，過分傾向於社會化，但缺乏嚴謹、邏輯性的思維。

（5）**喜歡單獨進食，不願與人分享，每次吃完一種食物再吃另一種**，屬於獨食難肥型，尤其在吃西餐或速食時最易看出。這種人吃食習慣顯示出他極用心機，大多數性格堅毅沉穩，責任心強，對每件事都極為關注，而且不會忽略某人和某事的細微末節。他們言行一致，信守諾言，工作能令人滿意，但性格略顯冷僻，喜歡有自我天地。

（6）**對食物不加選擇，把各種菜肴混雜進食，來者不拒。**這種人個性隨和、不拘小節、不大留意周圍的事物，生命

力旺盛，多才多藝，可以同時應付多種工作，心情鬆弛，可能會忽略事情的細微之外。這類型人中，有一種無固定吃食的習慣，他們性格複雜多變，難以捉摸，彈性較大。

吃相，雖然在生理機能發生障礙會被迫改變原來的姿態，但在正常情況下，它仍然受心理活動的支配和制約。這裡，我們姑且不論吃相對生理機能的作用效果，單單從一般性的角度出發，觀察吃相，仍可以揣度他人心理，探知一二，進而窺測他人個性行為的種種表現。

4、睡姿與個性

睡眠與潛意識相關聯，因而，睡眠中的姿勢能反映一個人的心理、性格和處境。

（1）**喜歡側臥姿勢的人**，勇於面對現實且較負責任，無論是在繁忙的工作中，還是在業餘生活中，他都能與人融洽相處，因而也是深受歡迎的人。

（2）**喜歡蜷曲著身子，用被子蒙住頭的人**，比較懦弱，優柔寡斷，對任何事情總是思前想後，很易感到沮喪、失望；同時這種人比較膽怯、害怕困難，對每件事都極其懷疑，

一味欲擺脫現實的考驗和艱難，由於膽怯，這種人無所謂
真正喜歡生活，常常抱怨別人，也責備自己。

（3）**喜歡抱東西（枕頭之類）睡覺的人**，渴望得到別人的愛
護，缺乏安全感，在交往中只與自己最要好的、最信任的
人保持密切關係；渴望獲得愛情，盡力發揮自己的能力，
力圖把每件要做的事做好。

（4）**習慣俯臥的人**，對前途充滿煩惱和憂鬱，他是個理想主義
者，但現實往往使他失意，因而總沉醉在自我幻想之中，
渴望著幸福時刻的來臨。

（5）**喜歡仰臥的人**，對前途充滿信心，非常有自信，目前的處
境使他感到舒適而安全。

5、嗜好與個性

嗜好是一種根據個人意志所選擇的行為習慣。生活中，幾乎每
個人都有自己喜好的行為習慣，自己愛好什麼，不受他人的制約，
完全出於自願。因此，可以說嗜好是人的潛意識最明顯的流露，它
能暴露出一個人的深層心理結構。心理學家經細緻研究後，將人的
性格與嗜好進行了對比性分類：

（1）**嗜好「運動」的人**，其個性通常是活潑樂觀的，做事也
是有條不紊的。

（2）**嗜好「沉靜」的人**，大多數理智過人，智慧過人，卻矛

盾地常做情感的奴隸。

（3）**把嗜好作為個人專利**，不許別人干涉的人，大多喜歡沉浸於嗜好中，把嗜好作為追求的興趣。這樣的人日常生活中欲望很難滿足，屬於逃避現實的理想主義者，並有顯著的憂鬱心理。

（4）**把嗜好作為共同追求的人**，通常都有優越的生活條件和工作環境，心理安全感很強。

6、通話猜個性

現代通訊聯絡，少不了電話的使用，仔細觀察親朋好友、同事接電話時的反應，也能窺其個性一二。

（1）**心有二用型**：通電話時同時進行一些瑣碎的工作，像擦拭台椅、整理文具等，此類人富有進取心，珍惜時間，分秒必爭。

（2）**悠閒舒適型**：使用電話時舒服地坐著或躺著，一副悠閒態度。此類人或生性沉穩鎮定，或性情緩慢，或惰性、喜坐享其成。

（3）**以筆代指型**：習慣於用鉛筆或原子筆攪撥打電話號碼。這種人性格比較急躁，經常處於緊張狀態，而且不讓自己有片刻的空閒。

（4）**電線繞指型**：打電話時不停地玩弄電話線，此類人生性豁

達，玩世不恭，天塌下來當被蓋，非常樂天知命。

（5）邊走邊談型：通電話時從不坐立在同一位置，喜歡繞室緩行。他們好奇心極重，喜歡新鮮事物，討厭任何刻板性的工作。

（6）以肩代手型：把聽筒夾在頭和肩之間。此類人生性謹慎，對任何事情必須先考慮周詳才做出決定，極少犯錯誤。

（7）信手塗鴉型：一邊通話，一邊在紙張上信筆亂畫。這種人大多具有藝術才能和氣質，富幻想力而不切實際。不過他們獨具愉快及樂觀性格使他們經常可以輕易地度過一切困境。

（8）緊抓下端型：通話時緊持聽筒的下端，這種人外圓內方，表面像怯懦溫馴，其實個性堅毅，對事、對人，一旦下定決心，永不改變。

每一件小事都能反映個性的一面，像打電話這樣普通的事也是如此。筆者有一位同仁能夠在情緒極其惡劣的情況下，一如往常，溫和如故與人通話，不能不說他在個性修養方面有節制不良性情的能力，如果人們在每件小事上都注重個性的展現，那麼這種「注重」方式久而久之便會成為有效地修養個性的一條途徑。

7、笑與個性

世界上最動人的表情是笑，同時也是人的情感的流露方式之

一。美國心理學家戈恩甯博士指出：「人的個性特徵可以從笑式反映出來。」

（1）**開懷大笑的人**，生性坦率、爽朗、熱情，凡事決斷迅速，絕不拖泥帶水，但感情相對脆弱。

（2）**笑聲乾澀，若斷若續、略帶冷漠的人**，比較注重現實，而且能洞察別人肺腑。

（3）**肆意狂笑，且笑中帶淚的人**，感情易於外露，富有同情心，熱愛生活，積極進取，尤能犧牲自己，向別人伸出援助之手。

（4）**笑聲尖銳的人**，富有冒險精神，精力充沛，而且感情豐富，樂觀而忠誠可靠。

（5）**笑聲低沉，並且像文藝小說中慣常描述的「嗤嗤一笑」的**，生性多愁善感，情緒極易受別人左右和影響，富於浪漫色彩。但這種人卻易與人相處。

（6）**笑聲柔和平淡的人**，個性特徵厚重，深明事理，事事為人著想，而且善於處理人事糾紛。

（7）**喜歡「吃吃」而笑的人**，嚴以律己，富有創造力，想像力豐富，而且具有高度的幽默感。

（8）**笑聲多變不定的人**，在不同的場合會發出各式各樣的笑聲，有時笑聲朗朗，有時笑聲柔和委婉，有時笑聲冷漠平淡，這種人應變能力強，具有適應任何環境的能力。

應當強調的是，以上判斷方式，僅僅建立在關係人的情感的自然流露這一基礎上。然而，由於許許多多特殊的情景，及人的不同

意識和行爲，常使一些人用僞裝的笑容來掩飾真實的內心世界。此時，判斷他人的個性特徵單單靠笑式就顯得不切實際了。

8、行走與個性

走路，是肢體健全者在生活中不可缺少的身體動作。因人而異，走路的姿態也五花八門。當然，每個人不同的走路姿態反映出不同的個性與行爲習慣。

（1）**走路時，無論是否有急事，總是步履匆匆，腳步咚咚響**。這種人注重效果，做事果斷而有效率，力爭在最短的時間內完成最多的工作，而且也絕對不會推卸責任，精力充沛，是其最大的特點，往往有堅定的目標，且積極追求，因而對各種新的挑戰，從不畏縮。

（2）**步伐緩慢穩健，步幅均勻**，這種人情緒穩定，生活和工作較有規律，是注重現實的人，絕不好高鶩遠、重信義諾言，不輕信人言，沉穩可貴，是可以信賴的人。

（3）**走路蹦蹦跳跳**，這種人活潑、開朗、易衝動，情緒不夠穩定，且意志薄弱。

（4）**走路東張西望**。這種人善於觀察，反應敏捷，愛好交際，但有些人性情、愛好不專一，不易被人信任。

（5）**走路時身體向前微傾，經常低頭走路**。這種人個性平和內向，愛思考，謙虛含蓄，小心謹慎，絕不會花言巧語。與人相處，表面上沉默冷淡，卻極重情義，一旦成為至交，至死不渝。

（6）**走路時，腰肢擺動，搖曳生姿**。多為女性走法。她們下意識地以美妙的步姿去吸引人的注意力，但並不是放蕩的標誌。事實上，她們的性格中有不少優點：為人熱誠坦白，心地善良而極易相處。這種人朋友眾多，多數為社交場合中的中心人物，很受歡迎。當然還有一種大搖大擺走路的人，他們通常勇敢、好鬥、霸道。

（7）**走路時，下巴抬起，抬頭挺胸，手臂誇張地擺動，步伐遲緩**。這種人是以自我為中心的人。一般來說，這種步姿的人凡事依靠自己，對人際交往態度比較冷淡，是自滿甚至傲慢的人。

其人思維靈活敏捷，做事條理分明，富於組織能力及決斷力，考慮周密，從不打無把握的仗，給人表面印象是傲慢自高，難以接近，但這種冷傲的外表只是由於其性格略帶羞怯，難以主動與人交往的原因所致，其人的另外一種特點，是經常修飾儀表，為保持自己完美的形象而衣履整潔。

（8）**步伐鬆散、慵懶**。這種人缺乏進取上進的精神，沒有工作能力，辦事拖拖拉拉。

（9）**走路時一如軍人，步伐有力，雙手做規則擺動**。這種人意志力強，具有高度組織能力，但偏於獨斷，對信念及自己的生命有著執著的追求，不易被環境因素所左右。

（10）**習慣將手放口袋或抱胸，即使在大熱天也不例外**，這種人思維敏捷，潔身自愛，自信，喜歡並善於批評、貶低別人，具有神祕感。

當然，行走的姿勢與人的年齡、性別、健康、習慣、情緒，以及所要辦的事項、工作特點等都有密切的關係。所以，在判斷一個人的個性特徵時，必須經過長時間的多方面觀察，仔細辨識，系統分析，才不會偏離心理科學軌道。

9、體形與個性

根據德國精神學者科雷琪瑪的性格判別方法，大致可依六種體

形來分析人的個性。

（1）**肥胖型而脂肪質體形**，胸部、腹部、臀部十分寬厚，常見於中年人，這種人具有明顯的躁鬱質特徵。富有開放而濃厚的人情味；平常十分活躍，一旦被人奉承，任何事均願代勞；雖然其口頭常說「很忙」，事實上，始終享受著忙碌的樂趣，不過偶爾也會忙裡偷閒他們兼有開朗、幽默、積極、善良、單純的多重性格，以及穩重、柔和的正反性格，並且特別表現在歡樂和苦悶之時；有天賦敏銳的理解力，以及凡事迎刃而解的能力，但缺乏邏輯思維的一致性和連貫性，言談間極易因輕率而失言，有時自恃甚高，喜歡干涉對方；他們與人初次交往常能一見如故相談甚歡；喜歡照顧別人，但久而久之這種關懷容易演變成壓迫似的形態。如果這種人為男性，則屬於家庭中易於接近，也易應付的好先生。

（2）**略纖瘦體態結實的人**，偏執、自我意識特別強烈，固執，喜歡挑戰與競爭；有強烈的信念，充滿信心，無論遇到什麼樣的困境，都秉持成功的目標去努力；強烈的信心及判斷敏銳，使之做事果斷，在商業方面前途無量。相反，一旦這種信念誤入歧途，就會演變成為專橫強暴、固執武斷、高傲猜忌的個性。這種形態的人，缺乏做人的魅力，有能力且有相當權力，縱使有人願意跟隨他、迎合他，他同樣和別人保持相當距離的來往，在家庭中也易孤立。遇到對立情形，他們所顯示的抗爭性和攻擊性，直到

自己被別人確認為正確為止，否則會拼命地伸張和堅持自己的觀點。

（3）**纖瘦型體形的人**，外表看似乎虛無，實則難以應付，具有分裂質的特徵。若為女性，性恪剛強，一旦發怒其後果將不堪收拾。他們冷漠、冷靜，性格複雜且無法適當表明立場；有時對於幻想興致勃勃，保持快樂，有時不喜歡被人探出隱私，表情呆板，以冷酷的面罩覆蓋內心世界；他們對無關緊要的事固執己見，乖僻、不變通、倔強，使有些人因不喜歡而視之為平凡的朋友交往，或感到這種人具有不易接近的貴族性及特殊羅曼蒂克的氣氛，不過這種人對文學、美術、手藝都興致盎然；縱使拿出自己的財產，也要盡力為大眾服務，在社交上，具有非常優雅的手腕。他們善良，對生活態度慎重，但猶豫不決和意識薄弱之處彷彿隨時會使交往的對方氣餒、令人不易應付。

（4）**筋骨強壯而結實的體形**，肌肉和骨骼發達、肩膀寬大、脖子粗，這種人具有堅忍質的特徵，做事認真、忠實，事不疏忽；情意濃厚，注意秩序，生活踏實，言談間常會表露出落後對方半拍的精神節奏和思想打結現象，寫信喜歡堆砌辭藻，談論電影情節會大發議淪。這種人雖然很可靠，但呆板、固執、缺乏情趣，易被妻子要求離婚。

（5）**童顏而不成熟體態的人**，有歇斯底里的特點，自我觀念剛強，喜歡熱鬧非凡的氣氛；話題不以自己為中心就不開心，同時對別人所說的話也不願傾聽，輕浮任性。他們或

者在各方面具有淺薄且廣泛的知識，對小說、音樂、戲劇加以批評，講話妙趣橫生，常使人捧腹大笑；或者還有天真、浪漫不成熟的地方，易被環境所左右；被奉承時就自鳴得意，受摒棄時，則嫉妒強烈，有歇斯底里狀態。

（6）**瘦瘦細線條的人**，有神經質特徵，但具有男子氣概，豪放磊落。胖嘟嘟的人，也有神經質的傾向。這類型的人知識分子居多，他們心情不定，情緒易失去平衡，且易混亂，但他們誠懇、穩重、認真，服從的工作作風卻十分難得可貴。

個性既然能影響人的健康長壽，就能影響人的體態。所以，從體態亦能反映出某些人的個性傾向，上述分析不無道理。

10、表情與個性

（1）**遙視遠處的人**，不關心你的話題，正在算計他事，或是因時間關係，想離開此地，總之想盡快結束這一話題。

（2）**對方眼神忽東忽西時**，對你有自卑感，或想欺騙你。總之是心不自然或心有他用。

（3）**瞪著對方不放時**，內心對你有所隱瞞，生硬地築起防線，生怕你識破他的內心。

（4）**故意地避開異性視線**，是關心對方，追求異性的欲望強烈。可以理解為此時他正尋找良好的表現方式。

（5）**對方的眼神四處張望時**，說明一有機會就立刻會轉移目標。這說明他的心思已不在這裡。

（6）**對方眼神似乎不屑一顧時**，是對你的話題抱有興趣，但卻是怕羞的證據。可以理解為他一邊洗耳恭聽一邊想附和。

（7）**對方眼睛閃爍光芒時**，對你抱持不信任，保持警戒心，甚至可以解釋為怒氣的初露。

（8）**眼睛毫無表情時**，憤憤不平，對現狀不滿意，產生反感。

11、習慣動作與個性

搖頭晃腦、邊說邊笑、掰手指節、腿腳抖動、拍打頭部、擺弄飾物、聳肩攤手、抹嘴捏鼻的這些小動作流露出一個人是什麼樣的性格。你又習慣哪個動作？

（1）搖頭晃腦

日常生活中常見有人用搖頭或點頭以示自己對某事、某物的看法，這種人特別自信，以致於唯我獨尊。他們在社交場合很會表現自己，對事業一往情深的精神常受人讚嘆。

（2）邊說邊笑

這種人與你交談時你會覺得非常輕鬆愉快。他們大都性格開朗，對生活要求從不苛刻，很懂得「知足常樂」，富有人情味。感情專一，對友情、親情特別珍惜。人緣較好，喜愛平靜的生活

（3）掰手指節

這種人習慣把自己的手指掰得咯嗒咯嗒地響。他們通常精力旺盛，非常健談，喜歡鑽「牛角尖」。對事業、工作環境比較挑剔，如果是他喜歡做的事，他會不計任何代價而踏實努力地去做。

（4）腿腳抖動

這類人總是喜歡用腳或腳尖使整個腿部抖動；最明顯的表現是自私，很少考慮別人，凡事從利己出發，對別人很吝嗇，對自己卻很大方。但是很善於思考，能經常提出一些意想不到的問題。

（5）拍打頭部

這個動作多數時候的意義是表示懊悔和自我譴責。這種人不太注重感情，而且對人苛刻，但對事業有一種開拓進取的精神。他們通常心直口快，為人真誠，富有同情心，願意幫助他人，但守不住

秘密。

（6）擺弄飾物

有這種習慣的人多數是女性，而且通常都比較內向，不輕易使感情外露。他們的另一個特點是做事認真踏實，舉凡有座談會、晚會或舞會，人們都散了，但最後收拾打掃會場的總是他們。

（7）聳肩攤手

習慣這種動作的人，通常是攤開雙手，聳聳肩膀，表示自己無所謂的樣子。他們大都為人熱情，而且誠懇，富有想像力。會創造生活，也會享受生活，他們追求的最大幸福是生活在和睦、舒暢的環境中。

（8）抹嘴捏鼻

習慣抹嘴捏鼻的人，大都喜歡捉弄別人，卻又不敢「敢做敢當」，愛好譁眾取寵。這種人最終是被人支配的人，別人要他做什麼，他就可能做什麼，購物時常拿不定主意。

12、抽煙與個性

男性的自制力較強，往往把所有的喜、怒、哀、樂都藏在心裡面。因此，要瞭解一個男人的性格並不容易，如果從男性抽煙的姿勢來瞭解他的性格就容易多了。

（1）夾在食指和中指的尖端抽煙姿勢與個性

這種姿勢的男性是個消極和神經質的乾淨型，有點女性化的傾向，處理細微的事，很像女性非常的細膩小心。在工作上缺乏果斷力，雖然想法及理想都很不錯，但卻無法將那些想法及理想運用在工作上。對事情缺乏積極性，也由於如此，所以，雖然很有能力，但卻無法得到上司的肯定。對女性謙恭有禮，非常有紳士風度，而且很會領導女性，因此被他這種個性吸引的人也很多。

（2）夾在食指和中指的深處抽煙姿勢與個性

這種姿勢的男性是個積極又乾脆型，很男性化，想到要做的事，會馬上付諸行動，是個很可靠的人，也很能值得人信賴，有強烈的工作欲，做任何事的幹勁十足，只要自己決定要做，就非做不可，所以很容易樹立強敵。由於對自己的工作熱誠，投注的心力也多，所以一旦失敗，會比一般人更容易喪失信心，而且無法從失敗中站起來。非常的有男性氣概，全身散發著很強烈的男性魅力，很容易引起女性的注意。

（3）手掌向外，用大拇指和食指夾抽煙姿勢與個性

這種姿勢的男性是不會隱藏秘密的，而且是開放型的人，擅長於社交，很容易跟任何人親近，非常的有人緣。對事情的態度常常表現得很積極，好像是個很積極的人，不過一旦事到臨頭就會半途而廢。在女性心中，是個富有愛心、同情心的人，也是個商量事情的好對象，但是在言談上較輕率。

（4）手掌打開，用中指和食指夾抽煙姿勢與個性

這種姿勢的男性是個攻擊性及警戒心很強的人。個性很強，善惡分明，很容易接受朋友或異性朋友，但是喜歡或討厭分得很清楚，喜歡時會打開心房，與朋友共患難，一旦厭惡時，會變得很冷漠，好像不認識一樣。對於決心要做的事，即使遭受很大的阻力也要完成，但在做想做的事之前，會花很多時間慎重考慮，而且會詳

加計畫。選擇的對象以年少的較能相配，也比較能相處在一起。

（5）不用手夾，直接放在嘴上抽煙姿勢與個性

這種姿勢的男性是個輕率型的人，什麼事情都要插嘴，而且心性不定，很容易相信別人，同時又有點神經質，所以受騙的機會也相當多。外表看起來像是個很有執行力的人，但實際上是個很散漫的人，對什麼事都漫不經心，不能把握原則，常常和自己的意見脫節，也常常做錯事，不過在戀愛方面，則是非常熱情，而且會大膽行動的大情聖，所以女性與這種人交往時要慎重考慮。

（6）手指與手指輪流拿抽煙姿勢與個性

這種姿勢的男性是個精神不定型的人。神經質相當敏感，對於任何事的反應都很強烈，所以精神上一直不能很安定，而且身體的狀況也很不理想，由於這些情形，因此無論做什麼事，都無法很如意的完成。

13、喝酒與個性

選擇啤酒的人，與任何人都談得來，具有服務精神，愛取悅他人，也易獲得別人的好感。

　　選擇白酒的人，什麼事都積極參與，具有活力，性情率直，連私人秘密都會輕易告訴別人，是個心裡藏不住事的男人，也因此而交際廣闊，但缺乏耐心和細心。他的女朋友或老婆一定很累，因爲這樣的男人就像一個任性而又可愛的大男孩。

　　選擇香檳酒的人，性格比較挑剔，是個不滿足於平凡的人，喜歡追求華麗、高貴，對異性的要求也很高，即使是作爲普通的朋友，跟他們相處也要具備相當的條件。

　　選擇紅葡萄酒的人，大多屬於幹勁十足，想做就做，是個現實主義者，凡事都會著眼於現在，對金錢和權力非常執著，相對而言，是個不浪漫但很穩健、很實際的男人。

　　選擇白葡萄酒的人，是一個拼命追求夢想和理想的人，只是常常忽略小節，因此而喪失一些機會，對於女性而言會是個好伴侶。

　　選擇威士卡加水的人，是重視與別人交往的交際型現代男人，在聚會和宴會時善於製造氣氛和融洽關係，是個應酬的好手。而在工作上具有敬業精神，易使人產生好感。

　　選擇威士卡加冰的人，是個真正喜歡喝酒的人，同時是個

實用主義者，性格開朗，不會裝腔作勢，與人交往時好惡分明，即使對方是女性也不會因此而有所收斂。

選擇不喝酒的人，是隨時要讓自己清醒的男人，害怕酒後吐真言。這種男人比較頑固，不願聽從他人的意見，也不會隨便表露自己的真實感受，跟這樣的男人相處會讓人很費心思。

14、健全的個性是成功的基石

有這樣一句話：「命運如同湍急河流上的一葉扁舟，性格則是唯一的舵手，它既可使你抵達光輝的彼岸，也可使你隨波逐流。」這段話道出了一個人的性格對其一生命運的影響。心理學研究結果顯示，一個人的性格好與壞對其事業成功與否、家庭生活幸福與否、人際關係良好與否起了決定性的作用。

健全的個性是事業成功的基礎、家庭幸福的根基、人際關係良好的基石。對於21世紀文化科技高速發展的社會，健全的個性是通向21世紀的護身符。

心理學家曾一再告誡世人：改善你的個性，健全你的個性，扼住命運的咽喉，做命運的主人。要改善自己的個性，健全自己的個性，前提是要認識自己的個性，找到自己性格中尚存在的缺陷，對症下藥，為明天的成功舖一塊基石。

心理學中最早的有關性格的學說是卡雷努思根據古希臘名醫希

波克拉斯的「液體病理說」所提出來的「四氣質說」。「四氣質說」把人的性格從總體上分爲「陽剛」、「平淡」、「憂鬱」及「急躁」等幾大類，不同的人各屬於其中的一種，這種學說直到今天也讓人深有同感。卡雷努思在指出不同的性格對人的一生有不同的積極作用之後，又提醒世人不同的性格還有各自的弱點，它們毫不客氣地對人的一生產生消極影響。在世紀之交的今天，我們不得不正視如下問題：身爲獨立的個體，我們該怎樣完善自己的個性？身爲將來的人夫或人妻、人父或人母，我們該怎樣培養孩子健全的個性？

　　健全的個性是通向21世紀的護身符。當歷史進入20世紀的最後一年時，對21世紀，人們看得更加清楚了：21世紀是一個充滿競爭的世紀；21世紀是強者的世紀；21世紀是不相信眼淚的世紀；21世紀是一個你只能去適應它，此外別無選擇的世紀……在這樣的一個世紀中，沒有健全的個性，要嘛成天唉聲嘆氣、怨天尤人；要嘛受一點挫折即趴下，再也直不起腰，悲觀失望；要嘛取得一點成績即驕傲自滿，洋洋自得，完全看不到前進中可能有的曲折和艱險……這樣的人怎麼可能成爲21世紀的主人？最有可能的結果就是在高揚健全個性的下個世紀被潮流捲走扔到海底，慢慢地腐爛、消失。

　　既然殘缺不全的個性無法在21世紀生存、發展，那麼培養健全的個性就是進行性格培養的焦點了。

　　什麼是健全、健康的個性呢？心理學者傑拉德指出：能將內心對重視你的人敞開是性格健全的重要特徵。同時，要擁有健康的性格，向別人開放自己的內心是最好的辦法。

通常，為了適應社會的各種規矩要求，不與社會發生衝突，大部分人都必須相當程度地壓抑自己。在社會生活上這是必須的，只是若壓抑過度就會產生身心障礙。所以傑拉德強調，即使在社會生活中頻頻壓抑自己的人，至少也要有一處可以傾訴、發洩胸中的鬱悶和不滿情緒的地方。這是擁有健康性格的必要條件之一。但是，自我開放並非越高越好。

人與人之間的交往，若一方抱著很高的期望，另一方卻關起心靈的大門，兩人便無法溝通和交往。所以，敞開自己絕對是發展親密朋友關係的基本條件。然而，一見面或在公開場合過度吐露自己細膩複雜的心情，只怕會令聽者大惑不解，不知所措。所以，自我開放必須看場合，而且要適可而止，才能培養健康的人格。

顯然，「健全」包含「健康」和「全面」兩個方面的含義。健康的個性已說過了，現在再談談全面。這裡要澄清一個誤解。有人認為，所謂全面的個性，就是各種性格無所不包，全都融合在一個人的身上。其實不對。個性之所以為個性必然有其與眾不同的地方，方能稱其為個性。一個什麼樣的個性都有的人，在現實生活中是絕對找不到的。即使那些左右逢源、八面玲瓏的交際高手，也不可能什麼樣的個性都有。至於偉人，他們更是以某方面的突出個性魅力來感染並吸引著群眾。

「個性」一詞本身就已註定它強調個別，即這個人不同於那個人的性格因素。既然如此，那麼，全面的個性指的是什麼呢？我們認為，它是對一個人個性成熟的理論描述，成熟的個性即是一種全面的個性，它以某種突出的性格特徵為代表，融會貫通其他性格特

徵，進而使代表性的性格特徵更加完善，截長補短，盡顯個人的人格魅力。根據心理學研究，人的個性與人的氣質有密切的關係。人的氣質決定著人的個性差異。下面，讓我們來看看心理學關於人的氣質的四種分類：

多血質

多血質的人輕率、活潑、好事，喜歡與人交往，面對困難不會退縮，不會記恨。很容易答應別人的事情；也很容易忘記了和別人的約定。有面對困難的勇氣，但看事情不妙，也會開溜。能夠調整自己的喜、怒、哀、樂，隨時保持心理平衡和往前衝刺的狀態。一旦成功或受別人讚賞，就樂不可支。

粘液質

粘液質的人安靜、漫不經心、散漫、邋遢等。相對於黃膽汁質的人一受刺激就哇哇大叫，粘液質的人則非常遲鈍或冷淡。不過，雖然行動緩慢，這類人通常誠實且值得信任。由於個性平和，工作緩慢，所以不太容易緊張，反之，則有做事遲緩、不修邊幅、喜好享樂等毛病，可以說這類型的人多半有些利己主義傾向。

黑膽汁質

　　黑膽汁質的人比較趨向於穩重、沉鬱，經常只看到人生的黑暗面。他們多半避免迎來送往的交際活動，也不喜歡和外向活潑的多血質的人在一起，甚至看到別人歡天喜地樂不可支時，反而會不高興。這類人一遇到困難常常心理失去平衡，一旦心情不好，便久久無法恢復正常。

黃膽汁質

　　黃膽汁質的人對於情緒的刺激非常敏感，意志容易動搖，沒有耐心，情緒忽冷忽熱。這類人喜歡參加各種活動，但想法常常改變，只有三分鐘熱度。這類型的人不喜歡被壓抑，喜、怒、哀、樂的表現非常明顯。不過，他們不像黑膽汁質的人容易保持某種心情，不論悲傷或憤怒都是來得快去得也快。一般來說，這類型的人既熱心又有愛心，做事很有爆發力。

　　從以上的分類可以明顯地看出，四種氣質各有其優缺點：多血質的人活潑開朗，但遇事留後路，情況不妙即開溜；粘液質的人平和冷淡，但做事緩慢，行動遲緩，有利己主義傾向；黑膽汁質的人穩重沉鬱，但孤僻，遇到挫折很難擺脫心情煩亂；黃膽汁質的人，有愛心、熱心，做事有幹勁，但極易受刺激。

　　健全的個性就應該揚這四種氣質之長，避這四種氣質之短。一方面，這四種氣質先天遺傳的成分最重，一旦形成，很難改變。健全個性的形成只能以人先天就有的氣質爲基礎並作爲主要方面，兼採取其他氣質的優點和長處，不斷完善和拓寬固有氣質內涵，使多血質的人多一些爲他人服務的觀念，粘液質的人多一些敏捷，黑膽汁質的人多一些樂觀，黃膽汁質的人多一些寧靜、平和。這就是一種健全個性的培養。這種健全的個性仍然以人的固有氣質爲基礎，兼備其他氣質的優點，不斷學習，克服自身先天的缺陷，使人的個性日漸成熟、豐滿。

　　即使社會發展到今天，人的各方面也仍未得到充分的發展。由於種種原因，人所固有的氣質的某些消極方面被不斷強化，走極端的人比比皆是。當今時代是一個充滿激烈競爭的商品社會，機會不會白白送上門；人的心理隨時會承受各式各樣的壓力、挫折和失敗；瞬息萬變的資訊要求我們能準確把握資訊的諸多方面，有能力佔有資訊，利用資訊，全球日益成爲一個地球村，我們有和國內外各種人士進行交流的機會和可能，這需要我們有豐富的閱歷和在各種環境中從容自如的應變能力……複雜的社會需要健全的個性。

　　到21世紀，隨著社會的進一步發展、完善，人的全面發展有了比現在更多的可能。在未來的資訊社會、商品經濟社會、高科技社會，沒有健全的個性，人的才華非但不能充分體現，反而會舉步維艱、不知所措。

　　社會越是文明，越是進步發達，人們越是要保持清醒，給自己的處世原則、發展方向進行準確地定位，要實現得心應手的如意人

生，健全的個性更不可少。21世紀就在眼前，站在新世紀的門檻
上，很多人感到茫然；很多人遊手好閒、得過且過；很多人悲觀嘆
息；很多人成天喊累，叫孤獨、無聊……這些人如果不及時調整自
己的心態，21世紀將不是他們的天堂，而是地獄！

第四章

色彩觀人心

　　這個世界是多彩的，而每個人因對色彩的喜好不同，進而反映出了他們在為人處事的不同，作為一個欲尋求合作的人來說，應該對色彩有更多的瞭解，這樣在選擇合作夥伴時，才能做到「眼光正確」。

1、引人注目的人

　　這種人特別喜歡紅色而討厭褐色，這種心理狀態是：他希望從行動中獲得喜悅，對自己所完成的事想得到他人的尊敬和高度評價。

　　灰色／褐色：他極想受到尊敬，在朋友中成為注目的焦點，可惜這種願望並沒有實現，所以陷入極為不滿的狀態。因此討厭與人接近，即使是例行公事，也盡量避免和他人接觸。

　　當他特別討厭灰色／褐色時，這時他在身體、神經方面受到抑制，對現狀不滿，希望自己與有同樣水準的優秀人物交朋友，但這種要求並沒有得到滿足。又因怕將自己暴露在別人面前，不肯相信他人，結果產生了孤獨感。

　　褐色／綠色：說明他為了獲得別人的關心、矚目、尊敬而極度地抑制自己，雖然自己得不到應有的評價，也不想改變態度，總

之，用自己討厭的色彩的人性格倔強。

2、炫燿自己的人

　　當一個人特別鍾愛灰色／紅色，紅色／綠色，綠色／灰色，綠色／藍色，紅色／黃色之五組色彩搭配時，是因為他對人生的要求過高，但這要求卻隱瞞在相當小的行動中，希望自己的業績能給別人留下深刻的印象，可是你的欲望沒有明顯表現出來，也沒有採取積極的行動。

　　紅色／綠色：雖然現在自己有些困難，但有鞏固的地位，有獨立處事所必備的果斷力和堅強的意志。想克服所有的困難，期待得到別人的認可。

　　綠色／灰色：你現在正處於因缺乏一般認識受到他人的批評而煩惱，也想盡辦法期待出人頭地，只是自尊心強，想讓他人留下好印象，獲得信譽，但由於具有自我防禦的特質，效果反而降低。

　　綠色／藍色：你想給人留下好印象，同時希望得到別人正確的評價和讚譽，可是，一旦得到他人注目、認可時，馬上自尊心受損。是感受性相當強的人，自尊心太強。

　　當他特別討厭紅色／黃色時，是因失望而引起精神緊張，進而帶來了內心極度不安與動搖，為了能給別人留下好印象而努力著，自己又在擔心這努力是否有價值。認為自己有權利得到自己想要的東西，只因周圍的狀況不利於自己而感到困擾。他有可能遭到失敗，此時往往無法控制自己內心的動搖，認為是為了他人，而被引導至錯誤的方向，把自己視為被虐待的「犧牲者」。那麼，想像和現實就有出入，無法得到名望和世人的承認，而將這些失敗完全怪罪於他人。

　　當他僅僅喜愛綠色／紫色時，是希望別人贊同或接受自己的要求和願望，努力想改變自己給別人的印象。

3、逃避刺激的人

　　如果一個人特別鍾愛灰色，灰色／藍色，灰色／綠色，灰色／黃色，灰色／褐色，藍色／黑色時：

　　灰色：如果一個人特別鍾愛它時，說明他不願意參加任何活動，盡量想單獨一人，逃避各種刺激的事物，因為過去長期忍受過多的消耗心血的事情，所以現在對任何事都是一副懶洋洋的態度。

　　灰色／藍色：如果一個人與對立面的爭論顯得精疲力竭，希

望能保護自己的安全，也希望有能使身心得到恢復健康的和平狀況
及平靜環境。

灰色／綠色：當一個人覺得自己處在充滿敵意的狀況下，對
對方與自己的爭執已感到精疲力竭，常常謹慎從事。為保護利害關
係、地位，而非常用心，不願傷害自尊心。

灰色／黃色：希望不滿足的狀況能得到解脫，同時希望使
自己的失意、難以忍受和重壓得到解脫，但又覺得沒什麼好解脫的
方法。盡量避免捲入爭論與對立，這種人有點優柔寡斷和缺乏果斷
力。

灰色／褐色：無論做什麼事，特別是要消耗體力和心血的事
都不願做，不願使自己疲勞、煩惱，力求保護自己，無論出什麼問
題，都要求不發生阻礙，希望求得安樂過平穩生活。

當一個人別鍾愛灰色、討厭黃色時，是因為他的願望沒
有實現，所以有嚴重的挫折感。即使制定新目標，也擔心可能再度
失敗，而陷入極為不安狀況，結果處世變得非常小心，將自己封閉
在一個小小世界裡。

如果一個人毫不關心綠色／紅色時，說明你為了逃避所
有的刺激和興奮，而產生苦惱和內心的動搖。認為周圍的現狀都是

和自己敵對的，受到重壓。內心常感不安，脾氣暴躁，容易動怒。

4、傷感而又浪漫的人

如果一個人特別鍾愛紫色時，他是想透過某人與某件事的結合而得到同感，為了得到支持，想盡方法讓別人承認自己的魅力和氣質，嚮往傷感而又浪漫的愛情。

這種人很細心，有鑑賞力，為了人際關係，自己不願負太大的責任，儘管紅、藍兩色的性質不太明確，但確有區別，因此你自己不但希望別人著迷於你，而且也想使別人快樂，達到圓滿的人際關係。

5、獲得權威及地位的人

此時他會特別鍾愛綠色／紅色，綠色／藍色。

綠色／紅色：想克服困難和障礙而獲得成功，不依賴他人的好意，也不為別人的意見所左右，主動追求自身目前面臨的障礙，寧可自己去行動，而不願別人來關心。

綠色／藍色：需要得到別人的讚賞或親近，具有野心，希

望填補自己和別人的鴻溝，他的願望，無論是自己看來還是別人看來，都具有野心、利己性，並且付諸行動。

當你僅僅喜愛綠色／紅色，綠色／黃色時：

綠色／紅色： 是個有權威的人，但因目前有困難，認爲如何繼續向前，必然困難重重，但你不會屈服於困難。

你很想居於領導地位，或已經有了這樣的地位，希望能好好維持。

綠色／黃色： 想改善自己的境遇，進而提高自己的地位及威信，獲得更大的希望，不滿足現狀。爲了滿足自尊心，認爲必須有某種程度的進取心。

當你特別討厭灰色／黃色時，是由於失望而引起緊張，產生急躁不安的現象，期望遭到破壞，失去信心，變得小心謹慎。

6、色彩與個人生活

當他特別鍾愛紅色／褐色，藍色／黑色時：

紅色／褐色： 無野心，不求名譽，想過悠閒、清靜、舒適的

生活，希望自己的一切行事能給自己帶來安樂。不太重名望，自我滿足傾向強烈，存在自我沉溺的現象。

藍色／黑色：需要休息、悠閒自在、和平、有愛情爲基礎的理解。認爲過去沒有得到應有的關心，因此處在混亂、動搖狀況。如果這種欲望沒有得到滿足，則認爲自己目前處在難以忍受的狀態。

當你喜歡紅色／褐色，藍色／紅色時：

紅色／褐色：你喜歡去做給自己帶來損失的事，不喜歡做非得盡力才能完成的事，或必須更加努力才可完成的事，你並沒有野心，不想得到報酬，寧可選擇舒適、安樂的生活。

你處在無法使事情按自己的意思進展的狀態，也不想再盡更大的努力，你正在追求一種不會困擾內心，能逃避一切障礙的環境。

藍色／紅色：你能夠和別人同心協力，非常勤勉，自己並不想居於領導地位或擔任主角，期望和彼此瞭解的人一起度過愉快的生活。

紫色／灰色：細密，富有體貼、同情和理解心情，不願進行有害身體的爭論和對立，保護自己的方法是擺脫緊張。

當你毫不關心灰色／紅色時，爲缺乏勇氣，覺得自己被人

隔離而感到不安，認爲沒有能力去做想要做的事情。想避開和他人
之間所發生的各種對立，過和平、穩定的生活。

7、暫時妥協的人

當你毫不關心灰色／黑色，綠色／紅色，黑色黑色／
藍色，黑色／綠色，黑色／紅色時：

灰色／黑色：現在你不願在有愛情和充實的人際關係上受到
朋友的排斥，所以暫時向他們妥協。

綠色／紅色：當你想要提出自己的主張和權利時，因經常
遭到反對而失去興趣，雖然這種挫折感令人不服，令人憤怒，但爲
了能得到穩定、平靜的生活，而不再堅持自己的主張，願向別人妥
協。

　　黑色：彷彿有各種因素阻止你前進，而目前的境遇又不得不使你妥協，並停止某種程度的娛樂。

　　黑色／藍色：你處在感情被壓抑的狀況，因此被強迫妥協，所以有被害者的意識。想培養穩定的愛情，十分困難。

　　黑色／綠色：你考慮到周圍的狀況，向別人做了妥協，暫時放棄自己的要求，處在必須有某種程度的忍耐狀態。

　　黑色／紅色：你認為周圍的環境是在束縛、限制你的活動，因此你處在暫時沒有喜悅和愉快的狀態。

8、拒絕讓步的人

　　當你特別鍾愛黑色／紫色時，說明你的觀念和感情不一致，進而憂心忡忡，放心不下，拒絕任何讓步，妥協，直到事態完全改變，因此想使自己和他人同化，否則會忐忑不安。

　　當你僅僅喜愛綠色／黑色時，你以堅定的信心來達到自己的目標，去追求有利於自己的事，因此，絕不會輕易讓步、妥協。

　　當你毫不關心黃色／黑色時，你認為自己的目標很實在，即使情況逼得你不得不妥協，你也會堅持自己的自標，選擇夥伴的基準也很嚴格。

9、孤立狀態的人

當你特別鍾愛灰色／黑色，黑色／藍色，黑色／綠色時：

灰色／黑色：認為自己不被這個社會所重視，所以期望的事情也遭破壞，對目前自己所處的境遇，認為是在侮辱自己，抱持非常強烈的不滿情緒及反抗意識。

對目前狀況感到絕望，每當自己遇到認為是不愉快的事時，就會強烈的抵抗，想擺脫焦躁不安和憂傷，進而進入孤立、完全自我封閉的世界。

黑色／藍色：因受到不愉快的，自己加以排斥的事情的干擾而苦惱，甚至表示出強烈的反抗，希望別人不再干擾他，而生活在寧靜的環境裡。

黑色／綠色：你對任何約束都具有挑戰性的反抗。固執己見，以為這樣可以證明自己不需要依靠他人，進而陷入充滿偏見的孤獨中。

當你僅僅喜愛藍色／黑色時，你需要和平、寧靜。你有希望可以獲得體貼、無條件愛情的真誠夥伴，你如果得不到朋友對自己的體貼時，就會無法忘卻而生氣，會不顧一切地把自己封閉在狹

小的天地裡。

10、需要一個安定環境的人

只是喜歡黃色／褐色，紫色／藍色，褐色，褐色／紅色時：

黃色／褐色：正在追求精神、情緒方面的穩定，但缺乏足夠的努力，需要有一個使自己感到安心而沒有任何煩惱的環境。

紫色／藍色：具有豐富的感受性，因此要求和瞭解自己的人建立親密的關係，想共同擁有一個美麗、和平、溫和的環境。

褐色：正處在不安、不穩定、不沉著的狀態，需要處在安定、充滿愛情的環境來解除精神上的緊張。

褐色／紅色：處在無法使事情按自己意志進展的狀態，也不想再做更大的努力，在追求一種不會擾亂內心，逃避一切妨礙的環境。

11、控制命運和願望的人

當你特別鍾愛黃色／綠色，紅色／灰色，黃色時：

黃色／綠色：你的觀察力敏銳，想發揮自己的實力和真正價值，來尋求獲得更大自由的新手段、好機會，以期受到別人的讚揚，以此來彌補與別人之間的隔閡。自己期待能開拓新的前程，只是這信念往往因決心不夠而難以實現。

紅色／灰色：想排除一切障礙，來開拓自己的前程，透過自己的行動熱衷於特別新鮮的事，希望以此來緩和自己的內部矛盾。這種行動往往缺乏周密的考慮。

黃色：須從精神緊張狀況解脫出來，希望自己的人際關係有所轉變，開拓新的前程，但有時只希望改變現狀即可，有時也存有不切實際的想法。

當你特別討厭黑色時，除了有本身所選擇的決斷給予自己的限制外，想脫離任何限制而獨立，期待獲得完全的自由，控制自己的命運，有自己開拓前途的希望。

當你毫不關心綠色／黃色時，你認為自己有過重的負擔，但你很有耐心，以富於彈性的做法去配合別人。

12、熱衷於冒險的人

當特別鍾愛紅色，紅色／黃色，紅色／紫色時：

紅色：非常熱情，充滿活力，有朝氣，用行動來追求生活中的喜悅，把所有的精力都花在達到目標上。這樣，就想從中獲得精力充沛的樂觀人生，有進取心，行動積極。

黃色／紅色：期待著成功，有充滿刺激、生活豐富的人生。
用自由發展來打破不信任自己的枷鎖。想成爲勝利者，喜歡與人交往，生性熱情，對新事物與有發展前途的事，以及能引起好奇心的事都感興趣。愛好廣泛，想盡方法擴大自己的活動範圍，對未來滿懷信心，有發展自己事業的雄心。

紅色／紫色：凡是有刺激性的事物，無論是性刺激和其他方面的刺激，他都十分喜歡，他是個迷惑別人，想給別人留下好印象的有趣人物，只是缺乏責任感。

當你僅僅喜歡紅色／黃色時，你具有外向的性格，但善變，當事情沒有按自己的意思進行時，立即感到焦躁不安，採取任性而輕浮的行動。

紅色／紫色：你具備爽朗的性格，只要是有趣、富於刺激

性、能帶來興奮的任何事,都會毫不猶豫地去參加。

你對新事物、現代的事物以及能引起你的好奇心的事物都感興趣,但對平凡的、普通的、傳統的事物則表現出一種漠不關心的態度。

黃色／紫色:你具有豐富的想像力,感受性敏銳,並在尋找能發揮這種天資的場所,尤其希望和同樣有感受性的人生活在一起,對罕見的、冒險的事情特別好奇。

13、難以建立人際關係的人

當你僅僅喜愛灰色／紫色,紅色／黑色時:

灰色／紫色:你雖然希望建立親密的人際關係,但由於擔心被對方拒絕,所以和對方接觸顯得很彆扭和謹慎,處在徘徊不前的狀態。

紅色／黑色:你自以為願望受到妨害,認為自己處在無法得到好幫手的狀態。

當你毫不關心藍色／綠色時,你自以為沒有得到正當的理解,亦未得到應有的評價,認為自己必須去配合別人遵從別人,不認為與親密的人之間有感情聯繫,完全處於孤立的狀態。

　　當你特別討厭灰色／藍色時，因極度疲勞而使意志、勇氣消沉，但還是不斷鼓勵自己求上進、參與各項活動，但認爲要改變自己的初衷是十分困難的。由於不願暴露自己的弱點，所以感情脆弱，很想依靠知心的人。

　　藍色：排斥休閒，不肯屈服，即使疲勞困乏或意氣消沉也要積極的活動，鼓勵自己向外發展，不滿於現在的處境和周圍的人，而且固執己見。不願暴露自己的弱點，感情脆弱，很想依靠別人，但又不便啓齒，這樣，又陷入難以自拔的狀況。

　　藍色／紅色：因不滿人際關係而心理動搖，脾氣暴躁，易怒，引起精神障礙，也可能患有心臟病，因沒有圓滿的人緣而產生了很大的煩惱，認爲自己無能爲力，無法挽回親近感及相互依賴的權宜，因而處在憂傷、無聊的狀態，因有這種困擾，容易導致神經衰弱。總結，遇事束手無策，不知如何應對，而且精神狀態不佳。

　　藍色／黃色：由於在感情、愛情等方面的失望，使你心情沉重。在另一方面，極想放棄這種關係，但又捨不得失去現在所擁有的一切，更不願去嘗更大失望的滋味，因這種矛盾的感情糾葛，突增你的困擾。

　　藍色／紫色：不肯休閒，倔強，即使疲勞困乏，意志也不消

沉，你不滿目前的人際關係，認爲沒有別人的鼎力相助，就無法改變現狀，認爲必須得到互相理解及善意的愛情，但仍未得到。

褐色／紫色：因無法維持穩定的友誼而陷入緊張，你感情豐富，但內心又易動搖，希望融合在官能的和諧中，你小心謹慎，愛好廣泛，具有獨特的審美眼光，志趣高雅，尤其在藝術領域裡表現突出，有獨特的見解，具有發表高見的能力。

第五章
筆跡識人術

　　從筆跡去瞭解一個人，已經有很多年的歷史了，如果想選擇一個滿意的合作者，不妨從對方的筆跡上入手。

　　以色列一名叫利維森的企業主篤信筆跡分析，每個到他金屬廠求職的人都要接受筆跡測驗。有一次，他聘請了一個私人司機，但卻不敢使喚，因為他信任的筆跡分析專家正在放假。待筆跡分析專家回來後，利維森立即把司機的筆跡交給他看。分析的結果是，此人必須馬上解雇，因為他辦事的性格趨向魯莽。一星期後，這個被解雇的司機果然在一宗交通事故中身亡。

　　隨著筆跡分析越來越多地為人們所瞭解和重視，這項已為國外一些國家所廣泛使用的筆跡分析技術在中國的人才招募中，也開始得到的認同和應用。

1、字體與性情

（1）**結構嚴謹的字體：**表示為人老實，屬於「保守派」，能保守秘密。做事謹慎，設想周全。責任心很重，凡事不會敷衍塞責。

（2）**結構鬆散的字體：**表示執筆者為人舉止輕浮、做事粗心大意，缺乏耐性。性情隨和，不拘小節。喜歡隨遇而安，凡事不愛強求。

（3）**出現拖筆：**表示其人富有好奇心，做事缺乏耐性。頭腦靈活，適應能力很強。自信心頗強，自尊心頗重。

（4）**出現減筆：**表示其人性急，很容易發小脾氣。善於適應環境，善於交際。好奇心頗重。秉性直爽，胸無城府。處事方面不會很認真負責。

2、書寫速度與性情

（1）**書寫速度快速：**表示執筆者富有進取精神。頭腦靈活，對事有創新的見解。個性爽朗，心直口快，待人接物不拘小節。做事缺乏耐力，性急，脾氣暴躁，容易動肝火。做事但求敷衍了事，不能盡心盡力地去做。

（2）**書寫速度緩慢：**表示執筆者頭腦精密，思想周全，做事謹慎，屬於「穩重派」。思想保守，意志堅實，不易改變初衷。對人能守秘密，對事能負責任。處事沉著、冷靜，凡事深思熟慮，缺乏冒險心。忍耐力強，脾氣刻板。

（3）**書寫速度不緩不急：**表示執筆者屬「中庸派」，待人接物，進退有度；處事從容不迫，喜歡採取「折衷主義」，有自我控制的能力，能抑制自己的情緒，喜、怒、哀、樂

不形於色。與人易於相處，擅交際，甚少得罪別人。適應力很強，比較注重現實。

（4）**用筆迅速：**表示執筆者精力充沛，思想敏捷。個性豪爽，對人熱情，做事果斷。處事有大刀闊斧之氣概，觀察力較差。情緒方面波動力很大，時而興奮，時而消沉。換言之，這種人是喜、怒、哀、樂易形於色的。

（5）**用筆遲緩：**表示執筆者做事缺乏周詳的計畫，而且往往會流於疏忽。容易受到感情的困擾，所以常會感情用事。決斷力不足，缺乏自信心。注重現實，不喜歡幻想。　]

（6）**用筆放縱：**表示執筆者的性情偏激，容易激動，有反叛的性格。在情緒高昂時，常會失去自制力，難以壓制自己的衝動。性情豪邁、慷慨，喜歡自由自在，不愛受任何束縛。理解力很強，創造力豐富。

（7）**用筆拘謹：**表示執筆者有自制的能力，能壓制自己的衝動。眼光現實，崇尚虛浮。不太喜歡說話，能夠保守秘密。待人接物，喜歡保持一定的距離，客客氣氣的，拘於禮節。

3、寫字的力道與性情

(1) **落力過重：** 表示執筆者的主觀很強，凡事獨斷獨行，喜歡我行我素。自尊心極重，好勝，有反抗個性。意志堅定，不易放棄初衷，也不易改變自己和主張。性情固執，思想保守，同時帶有幾分凌人的傲氣。執筆者精力充沛，好動，酷愛熱鬧生活。崇尚理論主義，善於雄辯。

(2) **落力過輕：** 表示執筆者做事缺乏自信心，有謀無勇，因而進退無度。獨立性不強，處處喜歡依賴他人。意志薄弱，拿不定主意。喜歡從事內心活動，所以善於捉摸別人的心理。執筆者精力不足，而且時常會無病呻吟。性格內向，懦弱，畏羞，害怕惹事。

(3) **落力均勻：** 表示執筆者為人沉著，有自信心，處事胸有成竹。富有同情心，樂於幫助別人。頭腦清醒，有組織能力。有自制力，能自我克制。情緒穩定，不易發脾氣。

(4) **落力不均勻：** 表示執筆者的情緒不穩定，甚至會反覆無常。對藝術有特殊的愛好。喜歡幻想，甚至胡思亂想。其人健康欠佳，血液循環系統可能有點毛病，例如心臟病、貧血等。決斷力不夠，處事不夠果斷。

（5）**字體剛健**：表示其人極重自尊，自信心很強，富有進取的
　　精神。執筆者精力充沛，健康良好。理智勝於情感，喜歡
　　憑推理來做事。處事有決斷力，一派斬釘截鐵的作風。頭
　　腦冷靜，善於運用邏輯。

（6）**字體軟弱**：表示其人畏羞，害怕惹事，甚至有自卑感。著
　　重自我，只知道有自己，而不知道有別人。個性溫和，依
　　賴性頗重。身體衰弱多病，通常以患有貧血症的爲多。做
　　事沒有幹勁，但求得過且過。

4、字的大小與性情

（1）**字體巨大**：表示執筆者的自信心很強，做事積極，喜歡
　　冒險。個性剛強，公正無私。爲人光明磊落，勇於維護公
　　理。頭腦不夠縝密，但做事有大刀闊斧之風。其人慷慨，
　　但有「海派」作風。如果字體過於巨大，表示其人舉止浮
　　躁，虛榮心重。

（2）**字體細小**：表示執筆者缺乏自信心，但做事十分謹慎。
　　思考精細，注意力強，警覺性亦高。忍耐力強、觀察力亦
　　強。另一方面，字體細小亦表示其的氣量狹小，自私自
　　利，但有點小聰明。其人不喜歡揮霍金錢，知慳識儉。另

一方面，亦表示其人吝嗇成性，貪圖小利。

（3）**字體不大不小**：表示執筆者的適應能力很強，做事有節制，遇事能隨機應變。待人接物，舉止落落大方。做事容易反悔，有時會自相矛盾。

（4）**字體大小不一**：表示執筆者喜怒易形於色，甚至喜怒無常。頭腦靈活，善於適應，但缺乏自制力。情感的變化好像一根繩子，中間會打結。有些時候，會自尋煩惱。

5、字的行款與性情

（1）**行款愈寫愈高**：其人野心勃勃，富有進取精神。做事疏忽，談吐隨便，有時會漫不經心。爲人崇尚「慣性主度」。習慣成自然後，難以改變，一旦養成壞習慣，便很難改掉。喜歡自由自在，不愛受任何束縛。

（2）**行款愈寫愈低**：其人缺乏自信心，意志消沉。情緒低落，心情冷淡，對生活失去興趣。發生心理矛盾現象，一方面有自卑感，一方面鄙視他人。生性孤僻，有點怪脾氣。

（3）**行款的排列整齊**。其人重視秩序，遵守紀律，有服從

性。做事認真負責，盡力而爲。執筆者是個有教養的人，有自我克制的能力。另一方面，亦可表示執筆者是個拘於形式的人，注重外表，有點世俗的眼光。

（4）**行款參差不齊**：其人性情直爽、坦白，喜歡結交朋友。脾氣急躁，說話時漫不經心，多言，但胸無城府。做事粗心大意，敷衍了事。不喜歡跟隨世俗，但善於適應潮流。

（5）**行款的排列成「美術式」**：其人有審美眼光，由於賦有藝術氣質，故處處喜歡獨創一格。爲人注重外表，忽視內在的東西（內容）。有幽默感，談吐風趣，但表現欲太強。善於詞令，手段圓滑，是社交上的成功者。

6、字行的趨向與性情

（1）**字行平直不偏**：表示執筆者是個性情開朗的人，直爽、樂觀。處事力求穩健，不喜歡冒險。爲人正直，有正義感，重名譽。性情執拗，有固執的傾向。

（2）**字行上斜**：表示執筆者爲人熱心，對人、對事一片熱情。有進取心，肯奮鬥向上。野心勃勃，不易滿足，而且貪圖

小利，得寸進尺。

（3）**字行下斜：**表示執筆者生性悲觀，為人消極，缺乏鬥志。
意志消沉，情緒低落。心灰意冷，什麼也提不起勁來。不
能自我控制，以致失去理智。

（4）**字形的趨向形狀如鋸齒：**表示執筆的意志堅強不屈。剛
直，主觀性強，不滿現實。冷酷無情，喜怒無常。如果鋸
齒狀過於明顯，則表示其人有恐懼的心理。

（5）**字行的趨向形狀如波紋：**表示執筆者的個性懦弱，怕事
而又畏羞。性情溫和，有服從性。反覆無常，不近人情。
如果波紋狀過於明顯，則表示其人虛偽、奸詐、多行不
義。

（6）**字行的趨向雜亂無章：**表示執筆者做事沒有條理，沒有
邏輯性。性急，容易發脾氣，容易衝動。沒有推理的能
力，不能判別事理。行動輕率，傭懶成性。

7、筆劃與性情

（1）**筆劃剛健：**自信心強，做事有魄力。頭腦清晰，判斷能力強。為人嚴謹，講求情理，注意紀律。自尊心重，有反抗性。思想保守，頭腦不夠靈活，做事缺乏幹勁，以致畏首畏尾。

（2）**筆劃柔弱：**怕惹是生非，懦弱，依賴性重。健康不佳，體弱多病。自我意識甚重，目中無人。反應敏捷，應變能力強。

（3）**筆劃圓潤：**生性樂觀，心胸豁達，眼光遠大。通情達理，氣度恢宏。做事進退有度，有計畫，有條理。

（4）**筆劃尖銳：**生性孤僻，心胸狹隘，眼光短淺。不明事理，蠻橫，專制，缺乏容人之量。做事敷衍塞責。

（5）**筆劃粗而有勁：**個性剛直，富正義感，行為磊落。表情嚴肅，舉止莊重，生活嚴謹。處世做事，具有野心，幹勁十足。個性強，固執成性。

（6）**筆劃粗重，落力過大：**乃好色之徒，喜歡沾花惹草。如果執筆者是女性，則表示其人專橫，不通情理，心腸惡毒，心術不正，行為卑劣。如果執筆者是學生，則表示生性不羈，精神傭懶，無心問學，生性兇狠，脾氣急躁。

（7）**筆劃粗而圓渾：**性情敦厚，篤實，純樸。思想純正，行為樸實，不務奢華。胸襟廣闊，有容人之量，常能以恕己之心恕人。

（8）**筆劃粗而柔媚：**舉止輕浮，行為不檢。喜歡矯揉造作，有時喜歡賣弄自己。口是心非，甚至會口蜜腹劍。

（9）**筆劃粗而筆尾分叉：**性情固執，行為暴戾。貪婪成性，吝嗇金錢，凡事斤斤計較。為人刻薄寡恩，喜歡挑剔別人短處。心術不正，行為卑劣。性情傭懶，不務正業。

（10）**筆劃動細如線：**頭腦精密，處事周全。做事很有心思，而且有耐性。善於攻心，喜歡從事內心活動。

（11）**筆劃粗細均勻：**為人忠厚，性情篤實。有自制的能力，能壓抑自己的衝動。行動拘謹，喜歡與人保持相當的距離。

8、握筆姿勢與性情

（1）**握筆很低的人，**個性溫柔，態度認真，但是偶爾有慌張失

措的時候。

這一類人個性溫柔，工作態度非常認真，但是也有慌張不穩的一面，往往因為小錯而吃大虧。

缺點是，在人際關係上，對芝麻大的小事喜歡發牢騷，如能遇事冷靜、穩重，謹慎地處理，再配合認真的態度，一切問題都能迎刃而解，只要為人樸實、誠懇，一步一步努力，便能有所發展，但是有時做事不細密，想到哪兒做到哪兒，沒有計畫，而且有投機心理，這樣可能會失敗，需要改善。

（２）握筆在中間的人，為人和氣好相處，但是偶爾顯得小氣，容易生氣。

這一類型的人態度和氣，精神充沛，唯一的缺點是有時候太小氣，並且容易生氣。野心大，能為目標奮鬥不懈，但是往往對自己的希冀過高。因此，應該注意爬得越高，跌得越重的教訓。

這種類型的男性充滿正義感，喜歡打抱不平，但需注意有些事渾水難清，不必要去涉足，否則會招惹麻煩。交際應該圓滑一點，不要太強硬，為了增加辦事的效率，應該多方面吸取別人的建議。

（３）握筆比較高的人，對事情的理解能力很強，但是偶爾會發脾氣。

個性溫柔，並且會設身處地為人著想，但若碰到大的問題或者困難，無法忍耐時，就會大發雷霆，缺乏耐性。在愛情方面，小心不要接觸已婚男性或者年紀太大的人，否則會陷入盲目吃虧的境

地。這種人經常小題大作，把小問題看作是不可解決的難題而心煩意亂，自尋苦惱。應該學習冷靜、細心，將問題分析清楚，然後不慌不忙的一個一個解決。

9、寫字的姿勢與性情

（1）右肘靠在桌上寫字的人，性情溫柔、安靜，喜歡照顧別人，是沒有惡念和私欲的人。

這類型的人，個性文靜，對周圍的人和事物都很關心，喜歡照顧別人。他會一個人跑去旅行，以增加見聞；或一個人到圖書館找資料，研究學問。不太注重物質生活，只是一直想盡方法提高自己精神生活的層次。需要改善的是獨立心太強，有時顯得太遙遠，孤寂不可親近的樣子。要飲水思源，多關心年老的長輩，漸漸給周圍的朋友增強和藹可親感。

（2）雙肘放在桌上寫字的人，個性開朗，社交廣泛，但是對感情處理能力較弱。

雙肘放在桌子上寫字的人，有開朗的個性，有他在的場合，氣氛總是融洽的，因此很討人喜歡。但是由於個性直爽，有時容易被人利用。感情方面很脆弱，人家拜託的事，只要對方很客氣禮貌，你就不會拒絕。但是，濫用同情心常使你自己為小事所困，而且受到傷害。

如果是女性，比較愛漂亮，也許還帶點虛榮心。容易墜入情網，判斷情感真偽的能力比較弱。應該學習冷靜與理智，才會有幸福的婚姻。

（3）**左肘放在桌子上寫字的人**，個性溫柔，工作順利，但是較難取得重大成就。

溫柔、親切的個性，在人際關係上顯得有點力不從心，需要加強自己的信心，不須無端自卑，否則會很容易埋沒了自己，這太划不來。積極努力，熱忱有信心，必須突破自己的心理障礙，才會有所發展。

應該要為自己的生活加一點新鮮朝氣，因為有樂觀進取的精神，才有積極光明的人生。

（4）**用手腕運筆寫字的人**，腦子好，個性豪放。對於不喜歡的東西，馬上就拋棄不要。

個性豪放、開朗，但是愛慕虛榮。有時與人交往不很坦誠，經常與人產生對立的觀念。如果是女性，個性豪爽，但是也很愛哭。受人欺騙時，不要太在意，因為上一次當，學一次乖，只要提醒自己不要重蹈覆轍就行了。

容易遺失東西，也容易對事物感到厭煩，或是一旦覺得缺乏興趣就會丟開不管。

（5）**寫字時，離桌面很近的人**，比較沒有耐性。

做事沒有耐性，缺乏持久性，常常因為這樣而影響效率，尤其在公事上，虎頭蛇尾地工作，不但不會成功，也不會受到上司的賞識，因此發展的機會相對地減少了。不要怕失敗，劃地為牢，應該突破心理障礙，把握現在，才能創造未來。現在，對他而言只是一個開始，因此要努力充實自己的實力，開創屬於自己的前程。

（6）**喜歡坐著寫字的人**，容易對事情產生興趣，但這樣的興趣也容易消失得很快。

喜歡批評別人，但也常被別人所左右。如是男性的話，對情報方面的事很著迷；如是女性則被工作壓得喘不過氣來，甚至也會時常遭到上司的指責和朋友、同事的批評。

不要很快地就迷上一件事，一旦失去了興趣，要考慮仔細，再決定怎麼做，進行時要隨時反省、檢討。因為經不起別人的縱容，會經常有過分浪費的開支。

（7）站著寫字的人，個性沉穩有禮貌，處事慎重且認真，但是容易生氣。

這類人辦事慎重，做任何事情之前都會制定目標，然後逐一解決困難，慢慢努力。

因為禮貌周到，對待長輩又謙讓有禮，因此很得信賴。外表雖然溫柔，內心卻激盪著遠大的抱負。為了完成他的理想與願望，會不顧一切地拼命，焦慮不安和容易生氣的個性是他的缺點。

10、筆跡與心跡

中國古代就有字如其人、識人不如相字的說法。但透過筆跡真的能瞭解一個人嗎？前不久，在北京師範大學心理系的一間教室裡，我現場觀看了筆跡心理學家徐慶元的演示：

一位女學生在黑板上寫了「紅軍不怕遠征難，萬水千山只等閒」兩行大字和幾個阿拉伯數字，徐慶元觀察片刻後說：「她的書寫速度快，線條流暢，筆觸重，這三者是和諧、統一的，可以看出這個人快人快語，單純而不複雜，即使是壞事，也能用好的眼光去看，很難被污染；喜歡直言，批評人比較嚴厲，屬於刀子嘴，菩薩心……」

徐慶元對著筆跡思忖了一會兒，又說：「她經歷過生活的磨難，像男性般獨立；也能包容，有熱心，愛幫忙，有慈悲心；她喜歡做親自動手的工作、技師型的工作，比如醫生；但她還有藝術

方面的才能，可能要透過業餘發展起來……」最後，似乎遲疑了一下，徐先生在黑板上寫下文學兩個字。

在場的人都感到十分驚訝，因為被徐慶元分析的這個人，正是作家畢淑敏。瞭解她的人都知道，她曾在西藏阿里當過軍醫。畢淑敏說：「徐慶元的分析還是很準確的。」

為什麼從字跡可以看出一個人的性格特點、心理狀態呢？心理學教授鄭日昌說：「寫字也是一種行為表現，是一種無意識的心理投射。」

我們知道，人的穩定型行為，比如言行舉止、處理問題的方式等等，都表現出人的個性特徵。就像每個人的說話方式不同一樣，我們每個人的筆跡也不相同。美國心理學家愛維認為：「手寫實際是大腦在寫，從筆尖流出的實際是人的潛意識。人的手臂複雜多樣的書寫動作，是人的心理素質的外部行為表現。」

徐慶元從14歲起就開始研究筆跡了。他告訴記者，小時候自己寫字很慢，進了中學，因為寫字慢，考試時就很吃虧。後來為了把字寫快，他練了一年字，結果發現自己的性格開朗了，外向了。

從此以後，他就開始注意老師、同學的字和他們性格之間的關係，收集了很多筆跡進行分析研究。在大學考試落榜後最苦悶、最迷茫的時候，有個同學拿來一張字條，請他分析。他看後告訴同學，寫字的人正處在痛苦壓抑之中，情緒十分沮喪、絕望，正處於得不到解脫的精神狀態中。同學聽後大吃一驚，告訴徐慶元，這個人因為失戀，前天自殺了，這張字條是他自殺前一天寫的。

這件事給了徐慶元很大的刺激和啟發，成為他研究筆跡心理學

的一個動力。他在研究中發現，書寫線條不是視覺而是主動觸覺控制的結果，書寫時握筆的鬆緊和行筆的輕、重、快、慢會因人而異，筆跡線條是人在無意識活動的同時留下的無意識記錄。從這裡入手，徐慶元創造了透過筆跡線條研究人的心跡的理論和方法。

1988年，徐慶元創辦了貴州實通漢字筆跡心理鑒定服務科；1990年7月，成立了遵義慶元筆跡與心理研究室。他在中華百絕博覽會等展覽上的演示，引起一次次轟動。他的筆跡心理鑑定科研成果，還獲得了國家發明銀獎。

徐慶元的筆跡心理學研究是在相對封閉的環境中進行的，與此同時，中國還有一些江湖筆跡學家也在進行各自的探索。他們不知道，17世紀初葉，義大利就誕生了筆跡學者；1872年，兩本系統的筆跡學專著在巴黎出版，引起了科學界的震撼。

目前，在一些發達國家，筆跡學早已成為心理學的分支學科，不少大學開設了筆跡心理學的專門課程。筆跡學成果被廣泛地應用於心理學、醫學、人才學、刑事偵查學、公共關係等領域。在法國、德國、美國、瑞士、以色列等國家，許多企業都透過筆跡分析來參考選擇雇員，進行人事安排。而世界上第一個漢字筆跡學研究所，1990年2月誕生在比利時的布魯塞爾。

其實，在中國，筆跡學是一門古老的學問，被稱為字相學。在關於書法的文獻中，也有大量的筆跡心理學資料。唐代文豪韓愈就曾說：「喜怒窘窮、憂愁、愉逸怨恨、思慕、酣醉、無聊、不平、有動於心，必於劃書焉發之。」

但在很長一段時間裡，筆跡學在中國被視為偽科學、唯心主

義、封建迷信，沒有得到相對的發展。

　　1994年10月，在北京舉行了首屆中國筆跡學學術研討會，這意味著筆跡學開始走出江湖。但是到目前為止，中國的筆跡學者除了徐慶元等一兩個人是專職外，大多是業餘的。身為自學成才者，他們有大量的實際經驗，卻缺乏系統的理論研究。

　　在心理學界，香港心理學家高尚仁和臺灣心理學家楊國樞都進行過有關的研究，但中國學者的研究尚不多見。

　　鄭日昌教授認為，中國筆跡心理學的當務之急是如何在理論上提高，走向專業化，使它成為一門真正的科學。

第六章

星座與人

1、牡羊星座　（3/21~4/20）

牡羊座是十二星座中的第一個星座，代表著初生的原始靈魂和感覺。他們充滿了強烈的好奇心，堅強的意志力，不服輸和冒險犯難、創新求變的精神；往往將第一視為理所當然，不喜歡落在別人的後面。

當他們面對競爭壓力時，會表現出戰鬥力十足而且洋溢著熱情活力，是行動派的人物。

自我意識和主觀意識很強，充滿自信而且固執；不會等待機會從天而降，而會積極的爭取，無畏艱難和困苦。雖然有時會顯得衝動，但基本上還是會保持理智和果決，是個適合面對競爭壓力、熱情且永遠天真未泯的人。

2、金牛座星座　（4/21~5/20）

金牛座是十二星座中的第二個星座，是「土象星座」的第一個星座，故也稱「土象的嬰孩」。如同這個名稱所示，他是一隻不折不扣的「牛」，而且是一頭有「金」（物欲）特性，佔有欲很強的牛。

金牛座的人似乎天生就有憂鬱和壓抑的性格。當這些累積到極

限時，就會如同火山一樣的爆發。他們在十二星座中算是工作最勤勉、刻苦耐勞、堅忍不拔的；耐心、耐力、韌性是其特性。他們相信擁有愛情、美麗與富有的喜悅，是生命存在的證明，也是他信仰的真理，為了這個目的，他們會選擇最安全、確實的途徑（通常是長期的醞釀和深思熟慮的結論），一旦下定決心，沒有人可以改變它。

　　他們忠誠、真心、善解人意、實際、不浮誇、率真、負責，凡事講求規則及合理性。喜歡新理念並會花時間去接觸、證明，是個自我要求完美的人，同時他們對物質和美的生產力方面，也是超人一等。

3、雙子星座（5/21~6/21）

　　基本上，雙子座人的意志一直都是一體兩面的積極與消極，動與靜，明與暗，相互消長，共榮共存的。通常很多才多藝，也可同時處理很多事情，有些則會表現明顯的兩種或多種人格，這種多變的特性，往往令人難以捉摸。他們相當具有靈性、聰明，心智活躍、敏銳，喜歡忙碌和追求新的概念及做事的方法，有活力、口才一流、活力充沛、胸懷大志、人緣很好，並且都有語言天分。對事物的思考很快，改變主意也比一般人快。

　　由於水星的影響，使雙子座的人通常無法控制自己的思考力，

很容易導致精神衰弱。

雙子座有著雙倍於別人的力量、思考力，卻也需要比別人多一倍的時間去恢復。所以，雙子座是一個善良與邪惡，快樂與憂鬱，溫柔與殘暴兼具的複雜星座。

4、巨蟹星座（6/22~7/22）

巨蟹座的人天生具有旺盛的精力和敏銳的感覺，道德意識很強烈，對欲望的追求也總能適度的停止。有精闢的洞察能力，自尊心也很強，同時也生性慷慨、感情豐富，樂意幫助有需要的人，並喜歡被需要與被保護的感覺。

大部分巨蟹座的人都比較內向、羞怯，雖然他們常用一種很表面的誇張方式來表達，但基本上他們是缺乏自信的，也不太能適應新的環境。雖然對新的事物都很感興趣，但真實卻是很傳統、戀舊的，似乎看來有些雙重個性；如果換一個角度來看，他們只是對情緒的感受力特別強吧！巨蟹座是十二星座中最具有母性的星座，男性亦然。和善、體貼、寬容不記仇，對家人與好朋友非常忠誠。記憶力很好，求知欲很強，順從性強，想像力也極豐富。

他們的守護星是月亮，所以只要觀察它就可知道他們的心情變化，他們喜歡探索別人的秘密，卻把自己隱藏的很好，並且從不放棄他所要的東西。

5、獅子星座（7/23~8/22）

在十二星座中，獅子座是最具有權威感與支配能力的星座。通常有一種貴族氣息或是王者風範。受人尊重，做事相當獨立，知道如何運用能力和權術以達到目的。

本質是陽剛、專制、具有太陽般的生氣、寬宏大量、樂觀、海派、光明磊落、不拘小節、心胸開闊。不過也會有頑固、傲慢、獨裁的一面。同時，他們天生懷抱著崇高的理想，能夠全力以赴，發揮旺盛的生命力為周遭的人、為弱者或正義而戰。對弱者有慈悲心及同情心，對自己很有自信，擅長組織事務，喜歡有秩序；能夠發揮創造的才華，使成果具有建設性、原創性，是個行動派。

有時也相當浪漫，喜歡美麗的事並愛炫耀、豪華及被人圍繞與讚美。獅子座的人熱愛生命、好享樂、勇敢、堅持原則及理念。個性溫和、友善、體貼、外向、對人慷慨大方，很容易交朋友，人緣當然也很不錯。

6、處女星座（8/23~9/22

　　處女座的特色是有豐富的知性，做事一絲不苟，有旺盛的批判精神（那是因為他們總希望世事能和他們的主觀標準相同），是個完美主義者，極度的厭惡虛偽與不正當的事。無論年紀大小，都保有一顆赤子之心，充滿了對過去的回憶及對未來的夢想。通常他們也很實際，但是可以使愛幻想和實際的性格共存且並榮。

　　做事周到、細心、謹慎而有條理，並非常理性，甚至冷酷。有特殊的評論能力，喜歡把事情一點一點的分析、批判。強調完整性，不喜歡半途而廢；對任何事都有一套詳細的規劃，然後一步步的實施並完全掌握。做什麼事都很投入，而且好學、好奇、求知欲旺盛。他們對自己的要求很嚴格，從不妥協、讓步，是個優秀的幕僚人才及工作狂。

　　外表安靜、沈默，對外力的衝突，總是採取逃避的方式，那是因為他們天生較內向、膽怯和孤獨的緣故；但只要自己能夠確定時，便會變得比較大膽。

7、天秤星座 （9/23~10/22）

　　天秤座的人愛好美與和諧，也相當仁慈並富有同情心，天性善良、溫和、體貼、沈著。由於受到金星的影響（這點和金牛座相同。它掌管的是愛、美、婚姻、金錢的豐收），有著優秀的理解能力和藝術鑑賞力，但往往會把任何事物都當做藝術和

遊戲，以這一體兩面的方式來表現。

　　天秤座是俊男美女最多的一個星座，也具有創作的天分，人緣及口才都很好。他們看待事物較客觀，常為人設身處地著想，通常也較外向，感情豐富，視愛情為唯一的一切。屬於人群中的人，但有時也會顯得多愁善感，但這也屬於他們的魅力之一。

　　同時他們也是最能保守秘密的人，就像他們可以把心中澎湃的熱情隱藏得很好一樣。　天秤座的人天生具有理想主義和現實主義，性格極端矛盾、交雜反覆；他們是和平的使者也是戰士，亦是個兼具感性、公平、公正及貴族氣息的人。

8、天蠍星座（10/23~11/21）

　　這個星座的人有著強烈的第六感、神秘的探視能力及吸引力，做事常憑直覺；雖然有著敏銳的觀察力，但往往仍靠感覺來決定一切。

　　天蠍座個性強悍而不妥協，也非常好勝，這是一種自我要求的自我超越，以不斷填補內心深處的欲望。也由於如此，蠍族的人在心中總訂有一個目標，非常有毅力，以不屈不撓的鬥志和戰鬥力，深思熟慮的朝目標前進。

　　也由於是水象星座的緣故，在情感上亦屬多愁善感的敏銳型，但卻以自我為中心，對別人的觀點亦完全不予理會。通常他們是深

情而且多情的，雖然表面上看起來很平靜、溫文儒雅、沈默寡言，但內心卻是波濤洶湧。他們在決定行動時會表現的大膽、積極，屬於敢愛敢恨的類型。

總之，天蠍座是一個有強烈責任感、韌性強、有概念、會組織（條理化）、意志力強、支配欲強烈，對於生命的奧秘有獨特見解的本能，並且永遠有著充沛精力的微妙複雜「混合體」。

9、射手星座（11/22~12/21）

這個星座出生的人崇尚自由、無拘無束及追求速度的感覺，生性樂觀、熱情，是個享樂主義派。射手座的守護星是希臘神話中的宙斯—宇宙的主宰和全知全能的眾神之王。所以是個神聖的完美主義者，有陽剛的氣息、寬大體貼的精神，重視公理與正義的伸張。

他們幽默、剛直、率真，對人生的看法富含哲學性，也希望能將自身所散發的火熱生命力及快感，感染到別人，所以人緣通常都很好。他們外向、健談，喜歡新的經驗與嘗試，尤其是運動及旅行，是個永遠無法被束縛、不肯妥協，同時又具備人性與野性、精力充沛且活動力強，有著遠大的理想，任何時刻都不會放棄希望和理想。

他們始終在追求一個能完全屬於自己的生活環境，但可能是因

他們有著豁達的人生觀，所以有時常會樂觀得太過⋯⋯「一廂情願」了。

10、摩羯星座（12/22~1/9）

就像是隻走在高山絕壁的山羊一樣穩健、踏實，會小心翼翼度過困厄的處境。通常都很健壯，有過人的耐力、意志堅決、有時間觀念、有責任感、重視權威和名聲，對領導統御很有一套，自成一格，另外組織能力也不錯。

和其他土象星座一樣，是屬於較內向，略帶憂鬱、內省、孤獨、保守、懷舊、消極、沒有安全感，也欠缺幽默感，常會裝出高高在上或是嚴厲的姿態以掩飾自己內在的脆弱。

通常他們也絕少是天才型，但是卻胸懷大志，經過重重的歷練，到中年期才會漸漸擁有聲名和成功。一方面是因為他們有安定的向上心和堅強的毅力，加上擅長知識和經驗的累積，如此才一點一滴的達成目標的。

雖然有時為了達到的目標，也會用一些殘忍而無情的策略，但摩羯座還算是有正義感的。他們擅於外交、好動、活力充沛、目標確定；重視現實利益及物質保障，具有宗教或神秘學上的理解能力及人文科學的邏輯概念，是屬於大器晚成的類型。

11、水瓶星座（1/20~2/18）

　　這個星座常被稱爲「天才星座」或「未來星座」。因爲它的守護星是天王星，而希臘神話中上通天文、下知地理，並有預知未來能力的智慧大神—烏拉諾斯，是它的守護神。所以他們具有前瞻性、獨創性、聰慧、富理性，喜歡追求新的事物及生活方式。

　　他們的心胸寬大，愛好和平，主張人人平等，無分貴賤貧富，不但尊重個人自由，也樂於助人、熱愛生命，是個典型的理想主義和人道主義者；他們深信世上自有公理，所以常有改革（或革命）的精神。

　　另外，他們也很重視理論和知識，有優秀的推理力和創造力，客觀、冷靜，善於思考，思想博愛，講求科學、邏輯和概念，價值觀很強。是一個對超能力、超自然現象會積極證明，人緣及辯才均佳，忠於自己信念，又令人難以捉摸的星座。

　　水瓶座雖是理想主義者，但他們一旦碰上愛情，就會變得非常實際。

12、雙魚星座（2/19~3/20）

　　雙魚座是古老輪迴的結束，這種古老輪迴後的靈魂，是一種透澈。也許正因為如此，他們總深陷在靈和欲之間，退縮在一種自創的夢幻之境裡。他們愛作夢，也無時不在幻想，也常將這種情結搬到現實環境中，而顯得有些不切實際，但他們是善良的，有絕對捨己助人的犧牲奉獻精神；他們是敏感、仁慈、和善、寬厚、與世無爭、溫柔、多愁善感的純情主義者，也是十二星座中最「多情」的一個。

　　雙魚座是個古老又複雜的星座，包含了太多的情緒，所以在情緒方面起伏非常的大，矛盾，敏銳的感性、知性、詩情和纖細的觸覺，種種衝擊之下便產生了無與倫比的藝術天才。例如在我們所研究的古典音樂家之中，雙魚座便是十二星座中最多的。也許，這也是他們另一種沈醉的表現。

　　總之這是一個充滿神性、魔性、理解力，觀察力強卻又憂柔寡斷、缺乏自信、神經質的（如果是女人則更是淚水做成的，女人中的女人）、自制力不強又善變的像謎一樣的星座。

　　雙魚座的星座象徵，正是兩隻魚各往相反的方向游，一隻向上，一隻向下；沒有什麼比這幅畫面更能正確形容雙魚座的複雜性格了。

第七章

摸準對方的性格

1、沒有性格完全一樣的人

「世界上沒有兩片相同的樹葉」，人也如此。只有性格相似的人，沒有性格相同的人，因為一個人身上所擁有的本質是不同的。在性格學說中性格分為內向和外向，其實一個人身上都有四種根本機能：思考、感情、直觀、感覺機能。在每個人身上都存在其中一種機能特別突出，因此你就是其中一種性格類型的人。

A.獨一無二的你

我們已知道造就一個人性格的因素有很多，其中兩大因素就是先天的遺傳和後天的環境教育。因為你出生、成長在某一特定的時代和某一特殊的家庭裡，更重要的是你有著不同於任何人的性格，所以你走著獨一無二的人生道路。你有自己的人生觀和價值觀。

一個人的生命只有當它用來使一切有生命的東西都生活得更高尚、更完美時才有意義。生命是神聖的，因為性格是對一切都有靈性的東西。它可以造就一個人的命運，衡量一個人的價值。愛因斯坦在經歷過兩次世界大戰和60年科研的生涯中鑄就了這樣的世界觀、人生態度、自我意識、終極理想、生命觀等人生價值觀。這樣的價值觀體現了他一生的命運，這樣的命運與他與眾不同的性格是離不開的。

　　在愛因斯坦的自我評價裡，有這樣一段話：「我性格中的非理性的、互相矛盾的、可笑的、近乎瘋狂的那方面，只在心靈受到嚴重考驗的時刻才會流露出來。」可見一個人的性格是隱蔽的，它需要人去發覺和開拓。愛因斯坦之所以成為人類的科學天才，除了獨一無二的遺傳外，是因為他有一個非常獨特的個性和對創造的迷戀。他的天才、自立、坦誠、勇敢、孤獨和熱情都源自於他無窮而濃厚的創造志趣，以及豐碩的創造成就帶給他的深深的自信。

　　我們從中得到啓發：做自己所想做的，而不計較自己所想要的，會讓你真正地成為你自己；而不斷地更新自己，磨練自己，會使你更好地成為你自己。從現在開始好好地瞭解自己吧！

B.從性格認識自己

　　人的性格跟時裝店裡的衣服一樣五花八門，令人眼花撩亂。每個人的性格都不同，在性格學說裡性格總體可分為兩大類：外向型和內向型。外向和內向的性格各有長短。外向型的人開朗活潑、積極樂觀，對於環境中的人物及事物以積極的姿態做出反應。內向型的人心思細膩、陰沉消極，對於環境中的人物及事物則以消極的姿態做出反應。其實不管你是外向型還是內向型，都可以成為一個優秀的人。下面進行一項測驗，測試你是屬於哪一種類型的人。

　　以下48道精心設計的試題，請根據自己的實際情況做出回答，符合的，則在該問題後面的括弧空格上劃「＋」，難以回答的，則劃「？」，不符合的，則劃「－」。

（1）我與觀點不同的人也能友好往來。（　）

（2）我讀書速度較慢，力求完全看懂。（　）

（3）我做事較快，但較粗糙。（　）

（4）我不敢在眾人面前發表演說。（　）

（5）我能夠做好領導團體的工作。（　）

（6）我常會猜疑別人。（　）

（7）受到表揚後我會工作得更努力。（　）

（8）我希望過平靜、輕鬆的生活。（　）

（9）我經常分析自己，研究自己。（　）

（10）生氣時，我總是不加抑制地把怒氣發洩出來。（　）

（11）在人多的時候和其他場合我總力求不引人注意。（　）

（12）我不喜歡寫日記。（　）

（13）我待人總是很小心。（　）

（14）我是個不拘小節的人。（　）

（15）我從不考慮自己幾年後的事情。（　）

（16）我常會一個陷入幻想。（　）

（17）我喜歡經常變換工作。（　）

（18）我常回憶自己過去的生活。（　）

（19）我喜歡參加團體娛樂活動。（　）

（20）我總是三思而後行。（　）

（21）我心中有話憋不住，總想對人說出來。（　）

（22）我常有自卑感。（　　）

（23）我不大注意自己的服裝是否整潔。（　　）

（24）我很關心別人對我有什麼看法。（　　）

（25）和別人在一起時，我的話總比別人多。（　　）

（26）我喜歡獨自一個人在屋內休息。（　　）

（27）我的情緒很容易激動。（　　）

（28）我用金錢時從不精打細算。（　　）

（29）對陌生人我從不輕易相信。（　　）

（30）我幾乎從不主動訂學習或工作計畫。（　　）

（31）我不善於結交朋友。（　　）

（32）我的意見和觀點常會發生變化。（　　）

（33）我很注意交通安全。（　　）

（34）看到房間裡雜亂無章，我就靜不下心來。（　　）

（35）旁邊有說話聲或廣播聲，我就無法安靜下來唸書。（　　）

（36）我討厭在我工作時有人在我旁邊觀看。（　　）

（37）我始終以樂觀的態度對待人生。（　　）

（38）我總是獨立思考回答問題。（　　）

（39）我不怕應付麻煩的事情。（　　）

（40）我的口頭表達能力還不錯。（　　）

（41）我是個沉默寡言的人。（　　）

（42）在一個新的環境裡我很快就能熟悉了。（　　）

（43）要我和陌生人打交道，常感到為難。（　　）

（44）我常會高估自己的能力。（　　）

（45）遭到失敗後我總是忘不了。（　）

（46）我很注意同伴們的工作或學業成績。（　）

（47）比起看小說和看電影來，我更喜歡郊遊與跳舞。（　）

（48）買東西時，我常常猶豫不決。（　）

記分與評分：

題號為奇數的題目（如1、3、5、7....等），答案為「＋」各計2分，答案為「？」各計1分，答案為「—」各計0分；題號為偶數的題目（如2、4、6、8...等），答案為「＋」各計0分，答案為「？」各計1分，答案為「—」各計2分。最後把各題分數相加，再查評分表，你就可以瞭解你的性格屬於哪種類型了。

評分

（1）分數為0～19分所傾向的性格為內向型。
（2）分數為20～39分所傾向的性格偏內向型。
（3）分數為40～59分所傾向的性格為中間型。
（4）分數為60～79分所傾向的性格偏外向型。
（5）分數為80～100分所傾向的性格為外向型。

當我們找到自己是屬於哪一種類型的人物時，就更容易認識自己、把握自己。

C.性格的機能類型

　　兩個人同在一個相同的環境、接觸相同的人和事物，所形成的性格是不同的。因為一個人身上所擁有的本質是不同的。在性格學說中性格分為內向和外向，其實一個人身上都有四種根本機能：思考、感情、直觀、感覺機能。在每個人身上都存在其中一種機能特別突出，因此你就是其中一種性格類型的人。

　　什麼是精神機能呢？所謂精神機能，即「在種種不同的條件下，原則上不變的精神的活動形式。」因此根據兩種性格和四種根本機能，把性格分為八種類型，下面將分別闡述。

（1）外向型思考類型：喜歡理智、客觀的生活

　　這種類型的人，努力使自己生活在通常被社會普遍承認的規範中。這些人不以自己隨意的獨斷作為判斷的基礎標準，他們的判斷具有客觀性。他們能出色地把握各種客觀的事實和條件，在深思熟慮後做出結論，並使自己的行動理性化。

　　這種類型的人，不僅對自己，而且在與周圍的人關係方面，不論定為善惡，還是定為美醜，一切都以被賦予理性的原則作為最高標準。這種類型的人在順應時代的潮流方面極為敏銳和出色。但是，因為過於跟隨潮流，他們也給人一種極其新潮的印象。如果生活態度僵硬化，就會給人一種缺乏自由、豁達的感覺。因為這種類型的大多數人位於極端之中。

　　這種類型的人因為思考佔優勢，所以，屬於感情的東西被壓抑，美的活動、興趣、藝術鑑賞、交朋友等方面被阻礙和排除。如

果感情過於壓抑，在無意識中的感情就會反抗，那麼也許會產生連本人都不知原由的結果。

有時，這種類型的人感情劣勢性以別的方式表現出來。為了實現自己的方式或遵循自己的原則，無視對個人的關心，甚至無視自己或親人的健康、經濟和愛情。雖然被周圍的人稱讚為心地溫和的人，但在家中，特別對自己的孩子像冷酷的暴君，容易發怒。有時發怒會變成挖苦、譏諷或氣勢洶洶的說教，甚至對反對自己原則的人抱持仇恨或憎惡。

外向型思考類型的人還是男性居多，這種類型的人優秀、出色的一面是思考方式是能動、綜合和建設性的。但如果過於強調原則就會暴露出上述的短處和缺點。

（2）內向型思考類型：「理想王國」的建造人

這種類型的人與外向型思考類型的人相同，也追求理念，只是其方向相反，不是向外，而是向由。這種人善於在自己的內心構築並發展理想的世界。總是富有積極性，不會因麻煩、危險、被視為異端或唯恐傷害別人感情等理由而停止不前。

然而，這種人卻不善於把其理想付諸行動，很多人的實際能力和實幹能力不太出色。因為他們不把客觀的資料當作問題，而是為理論而理論。其追求理想的方法主觀、固執，不接受他人的意見。

對待周圍的人，只是消極地關心，甚至漠不關心。因此，別人感到自己像討厭者一樣被他拒絕。這種人通常給周圍人冷淡、任性

和自以爲是的印象。因爲這種人對來自他人的妨礙感到不安，爲有備無患而採取的態度，表示好感的方法則是非常拙笨，讓人感到冒失和不穩重。所以，這種人對周圍的人也表現出禮貌和親切，其態度總讓人感到生硬。

這種人容易引起周圍人的誤解，不擅長社交，也不知如何得到對方的好感。與其親近的人會極其讚賞這種人的親切態度和豐富的內心世界，但與其疏遠的人，卻認爲這種人冷淡、難以取悅、難以接近及傲氣尊大。但這種人並不是驕傲自大，在構築內心理想方面有勇氣，勇於大膽的冒險，只是在和外界現實接觸，就怯弱、不安、想辦法設防。不願自我吹噓是這種人的美德。因爲他本來就不在意別人對自己的評價。但有時遇到非常理解的人，反而立即給予對方過高的評價。這是這種類型人的劣勢機能對無意識的感情漠然。

這種類型的人異常偏激、乖僻時，就會變成只對自己抱有信心、缺乏靈活性、獨斷偏見的頑固者。

因此這種類型的男性，有時輕易地迷戀善於籠絡他這種不諳世俗、不善處世的人的女性，以及尊敬他或懂得吹捧竅門的女性。一旦被這種女性所欺騙，這一次痛苦的經歷，就使其成爲「討厭女性」的人。因其判斷帶有主觀性而不符合現實、不注意與周圍的事及人的關係而產生摩擦，是這種人的短處。他們常被人認爲是奇特的且與眾不同的人物。

（3）外向型感情類型：隨和順從，缺乏個性

　　這種類型的人，女性占絕大多數，都想採取任隨自己感情生活方式。其感情比較順應周圍的狀況，她們的價值判斷也同樣。例如，其他人對人或事物所做出是「好」、是「壞」的評價，自己通常不做出評價。而一般人如何評價的，也就單純地認同。所以，這種人較隨和，在人群中可形成和諧的氣氛。

　　女性最能清楚地表現這個特點的是選擇結婚對象。女性在擇偶時，不是看他的身分、年齡、職業、收入、身高、家庭環境等是否符合常規要求。與其說是自己喜好，不如說是符合社會標準。而這種類型的人，由於其感情機能佔優勢，所以，思考機能就被壓抑，但思考機能並不是不發揮作用。只是，這種人的思考不是為思考而思考，只是感情的附屬品，是為服務於感情才發揮作用的。

　　如果這種類型的女性過於順從，就會喪失感情中的富有巨大魅力的個性。不僅如此，還使人感到膚淺、玩弄花招和裝模作樣。在第三者看來，這種人的主體性完全埋沒於感情之中，剛才不是這種感情，而一瞬間又變成另一種感情，難免給人見異思遷、變化無常的印象。

　　這樣，感情本來所具有的溫馨就喪失了，呈現出人格的分裂。感情總體的發展，只要保持人格的統一，即人格不被各種感情狀態所吞沒，無意識的思考就能發揮補償性作用。但是人格分解為互相矛盾的各種感情狀態時，無意識的思考就開始反抗。

　　這是因為，第一，感情表現誇大、過度、矯飾、做作，有強加於人的語言和動作；這樣接受的則會感到虛假，會有此人「虛情假

意」的疑慮。但對本人來說，認爲與周圍的人建立牢固的感情關係比什麼都重要，所以，爲了打破周圍人的保留態度，就需要更爲誇張的感情表現，於是就陷入了惡性循環。

第二，這種類型思考的劣勢性，以未加深思的思考方式或幼兒性的姿態表現出來。在感情方面，有時隨意貶低獲得很高評價的事物，提出幼稚的理論和孩子氣的獨斷偏見來吹毛求疵。這種類型引起的神經症狀的最主要形態就是「歇斯底里」。

這種類型的人，雖沉溺於感情之中，但大都具有良知，顯示出健全的生活態度。自己的感情雖外露，但與人關係良好、善於社交，這都是長處，但是，如果喪失了主體，就會暴露出上述的短處。

（4）內向型感情類型：含蓄神秘，典雅高貴

這種類型的人以女性居多。這種人的感情發展程度從外部很難窺知。沉默寡語，難以接近，遇到粗野的人就立即躲開。因此，在旁人看來，是沉靜、彬彬有禮及性情深不可測的人。有時也被認爲是憂鬱的人。但如果對他人過於迴避，就會被人猜測爲這個人對他人的幸福和不幸都持事不關己的心態。事實上，這種人對初次見面或毫不相關的人，不會表現出熱情歡迎的態度，而是採取冷淡或拒絕的態度。總之，他們對外界漠不關心。

這種人也不是沒有業餘愛好，或被令人興奮的事情和人物所吸引的時候。在那種情況下，這種類型的人通常採取善意的中性態

度；根據情況的變化，也表現出輕微的優越態度或批判態度；因此，給人高高在上的印象。如果是女性，即使受到熱情的襲擾，她也會冷靜地按捺、克制自己的熱情。

這種類型的女性，想使自己與對方的感情停留在平靜、均衡的狀態，而禁止過於激越的感情。所以，在陷進去之後，就剎車並開始輕視對方。在這種情況下，只看這種人表面的人，就會輕易地認為這種人「冷淡」或毫無感情。但是，這種想法有些偏激，這種人只是抑制和不表露感情，而內心卻蘊藏著熱情。

這種人富有同情心，一旦同情某人就不是表面上的同情，而是極為深切地同情。由於這種同情過於深切，所以就像自己的事情一樣感到悲哀。他們會毫不虛假地安慰、鼓勵對方。但對某些人或事物由於什麼也不表露，所以周圍的人，特別是外向性的人認為這種人非常冷淡。但是，有時深切的同情會溢於言表，並做出令人驚奇的、崇高的，或自我犧牲的獻身行為。

如果無意識的思考機能發揮補償作用當然最好，但是如果產生反抗，這種人就會為他人如何看待自己而苦惱。其結果，為壓倒對方，就去收集很多情報，玩弄計謀、花招，導致神經疲憊。與「內向型感情類型」患的神經症狀—— 歇斯底里相反，這種類型的人易患精神衰弱症，俗稱為神經衰弱症。

（5）外向型直觀類型：新穎活潑，容易放棄

這種類型的人，具有把握隱藏在客觀事實深處的可能性的能

力。他們認為，重要的不是現實，而是可能性。所以，這種人不斷地追求可能性，感到日常安定的生活環境像監獄一樣令人窒息。

　　一旦熱心於追求可能，他們就會顯示異常的狂熱狀態。然而，一旦看到沒有再飛躍發展的希望時，就立即冷淡下來，或乾脆放棄。例如，對某項事業的計畫簡單地認為「這個計畫將來有希望」，對自己的直觀能力很自信，所以，就勇往直前。從這個意義上講，他們是冒險家。當他們的事業走上軌道，趨向安定之後，通常認為繼續從事這個事業更為安全有利，但這種人卻想轉向別的工作。

　　由於這種類型的人不尊重周圍人的觀點、主張和生活習慣，為此，有時被看作是不道德、冷酷、魯莽的人。在企業家、商人、投機者、政治家中，屬於這種類型的人有不少。但是，這種類型的人，女性比男性多。女性的直觀活動能力，與其說在職業方面，不如說在社交的舞臺上。這種女性會利用於切社交的可能性，去與有勢力的人熟知乃至親密接觸的能力。在選擇交際或結婚對象方面，她們能敏捷、迅速地尋找到有前途的男性。但是如果出現新的其他可能性時，迄今所得到的一切，她們就會全都放棄。

　　不論男女，如果向好的方向發展，就是各種事業創造者，又因為他們對他人所蘊藏的某種能力和才能有預感力，所以他們既能成為培養有能力者的人，又能給同伴帶來對待新事物的勇氣和力量，其方法新穎活潑；他們生動地描繪新的可能性，能使聽者情緒高漲。這絕不是玩把戲，而是自己對這種可能性堅信不疑的結果。另外，由於這種人熱心於播種完之後又想移向其他田地，收穫總由他

人完成，所以這種人還有浪費人生之嫌。在思考和感情所做的判斷不起輔助作用時就有吃虧的危險性。

這種傾向如過強，無意識的感覺就開始反抗，與「外向性感覺類型」一樣，就會出現妄想的現象。但這種捕風捉影式的妄想，不像「外向性感覺類型」那樣，帶有神秘的色彩，多數與現實相關。例如，這種類型的人，就可能有被一個完全與其不相稱的異性強烈吸引，以致難捨難分的情況。這種類型的人，也會出現各種極端固執的跡象。

（6）內向型直觀類型：如夢如幻，乏味無趣

這種類型的人，最出色的可成為預言家或藝術家。因為，內向型直觀類型雖然對外界事物的刺激有所反應而開始行動，但它不把注意力集中於外部的可能性，而是集中於由外界事物誘發的隱藏於內在的事物。

這種類型的人非常重視蘊育在「普遍的無意識」中的圖像。因為這個圖像是預見和創造未來將發生的事情的泉源，所以，發展到極致就是預言家和藝術家。在思考和感情機能最高限度地發揮作用時，就成為有獨創性的思想家或宗教家。如果非常關心給予無意識的圖像形狀並富有造型能力就會成為優秀的藝術家。如果僅滿足於觀望無意識的圖像只會成為夢想家。

如果是藝術家，這種人的繪畫和雕刻，既美麗又新奇，既崇高又變化無常。總之，這種人的作品都是超脫現實的離奇作品。如果

只是夢想家，那麼很多人就是不被社會承認的天才，就是沒有發揮才能的機會的大人物，給人漫無邊際，不可捉摸，不知其愚蠢還是聰明的感覺。

這個類型中直觀性一般程度的人，給人不願意與現實接觸，也不努力適應現實的印象。對這種人來說，無論現實怎樣都無謂。事實上，外界的人物、事物及其一切對這種類型的人不過是刺激。自己本是社會的一員，但身爲社會的一員會給周圍的人帶來什麼影響，他們對這種意識非常淡漠。所以在外向型的人看來，這種人極度輕視世俗的事物。

這種類型的人，對「應採取什麼態度度過一生」等問題不加深思，也不爲此而苦惱。但有的人不滿足僅單純地觀望，而是與自己的生活方式相合，來創造藝術作品。他講話過於主觀，不能被社會大多數人所理解，其論證也缺乏讓社會理解的合理性。這樣，他們就成爲在沒人的地方獨自講述自己信念的人。

這種類型的人，最受壓抑的是感覺。這是這種人的無意識的特點。無意識中的外向性感覺，通常發揮補償作用，但如壓抑過度，無意識成爲意識的敵人時，就會受外界各種事物的束縛，乃至走上極端。其症狀就是非常介意身體狀況，對視覺、聽覺及觸覺等非常敏感，或者強迫性地熱衷於一定的人物和事物。

但是，這是發展到病態時的情況。一般而言，這種人給人的印象是靦腆、客氣、缺乏自信、不知如何是好。與人交往時，則生硬、拙笨和不善表達，所以，顯得缺乏趣味。可是，這種類型的人，與「內向型感覺類型」相同，不少人有豐富的內心世界，蘊藏

著用語言難以表達的優秀素質。

（7）外向型感覺類型：現實唯美，情趣高雅

這種類型的人對於客觀事實的感覺機能非常發達，他們注重具體事實。在透過感覺具體地享受某種樂趣時，就會切實感到自己正品味著人生的快樂。

因此，如果是高尙的表現方式，就是情趣高雅的唯美主義者。自己的感覺提高到純粹美的極限，達到一般水準的人們所不能理解的藝術境地；即使不到這種程度，也是具有優雅情趣的人，使周圍的人認爲「此人是有如此高雅情趣的人，過著自由奔放的生活，所以，他們的生活奇特、思維方式與眾十同也是理所當然。」而且，有的人借助於思考機能幫助，在某個領域發揮收集資料的本能，收集到大量的資料，並成爲這個領域首屈一指的人。

如果是普通的表現方式，就是輕鬆、愉快的人。這種人非常關心每天晚餐是否有美酒、佳餚，電視節目是否有趣之類的事情。不論是味覺，還是聽覺、視覺和觸覺方面的事，只要能讓人愉快，就感到滿足。就此意義而言，他們是不錯的快樂主義者。

與「外向型思考類型」不同，這種人不以原則和理念規範自己，也不追求理想。重要的是現實，熱愛、喜歡現實。因此，非常好客，願意熱情招待，談笑風生。約會時，不使對方感到無聊。服裝和隨身用品都很講究。但是，如果採取過於拘泥於現實的生活態度，就給周圍人愛講排場、虛榮心強的印象。

這種人感覺佔優勢是理所當然的，但如果過度，無意識中的直觀就開始反抗意識。於是，直觀—— 這種人所具有的高尚才能的預感力，就變成了對細微末節的追根究底、說三道四、猜疑心強；特別是在異性問題上，嫉妒心強，甚至產生嫉妒、妄想。即使不到這種程度，也是屬於心胸狹窄、鼠雞肚腸的人。

一般這種類型的人不把道德放在首位，這絕不是不道德。他們不要被道德之類的東西所束縛的痛苦生活，他們要活得自由奔放。但是如果無意識的反抗增強，在日常生活中，就會帶有比道德、宗教更強烈的迷信色彩，或把可笑、繁瑣的儀式引入生活。除此之外，還有不少人表現出極端固執的生活態度。

（8）內向型感覺類型：封閉於自己的世界中

這種類型的人，如果具有出色的表現能力，就會成為主觀表現欲極強的藝術家。可是，通常這種類型的人不僅不具備這種表現能力，反而不善於表現。因此，在第三者看來，這種人具有謹慎、被動、平靜及理性的自我抑制等特徵。

但是，如果仔細觀察，就會發現這種人所採取的主觀態度令人感到奇異，給人一種無視周圍的人和事，無視外界的感覺。有時，他們也能接受、理解外部的資訊，並反應在自己的行為方式上，但外界的作用並不能到達本人心中。程度更強烈時，其感覺、方法和行動，都脫離現實，體現出一種真正的奇特。而且，這種人並不強迫周圍的人理解並承認自己的感覺方式，而是滿足於自己封閉的世

界，滿足於平衡而溫和地與外部現實世界的接觸。

因此，這種人通常對周圍的人不會造成傷害，但容易成為他人攻擊和支配的犧牲品。由於這種人不太關心他人怎樣對待自己，所以，即使被不適當地對待，也容易聽之任之。即使被別人頤指氣使，也會甘心忍受。但有時，他也意外地發揮其反抗和頑固性，以發洩自己的憤怒。

這種類型的人，由於易採取獨自生活在幻想世界的生活態度，所以會脫離現實。強行推行自己的要求，產生對於外界物件的醜惡的強制性觀念，並開始發揮破壞性威力。一旦達到極端，就與「外向型感覺類型」一樣，變成極端頑固生活態度。

從以上八種機能類型的性格也許覺得自己屬於其中一種，也許感到自己屬於其中兩種或三種類型。我們從中可以得知，一個人的性格與另一個人的性格是不可能完全一致的。一個人的性格可能傾向於性格中的其中一種，也可能傾向於兩種性格之間。科學家認為50％的個性與能力來自基因的遺傳，另外50％不取決於遺傳，而取決於創造與發展。可見，性格是隨時都可以改變的。

2、血型與性格

A型：黑膽汁質，性格特徵是內向、思考者、悲觀

A型男性的自信心最易受到傷害。A型男性在自信尚未喪失之

前，通常在各方面表現非常積極；自信心一旦受損，便會立刻變得消極起來，自卑感隨之而生。此外，他們往往對穿著的品味非常講究，經常會刻意打扮，引起別人的注意。

A型女性最主要的魅力是溫柔、體貼、能幹。她們大都心思細密，待人和藹，臉上總保持親切的笑容。哪怕正與丈夫吵架，客人來訪她們也會立刻從臉上露出笑容。A型女性給人的印象是缺乏通融性，有時會更顯固執，想不開。

B型：多血質，性格特徵是外向、多言、樂觀

具體說來，這種性格特徵有以下特點：B型的人較為外向。其最大的特性便是爽朗、直率而充滿活力。在情緒上的表現是起幅很大，一旦遭受小小的衝擊，便會立即心情大變，並表露於外。

B型的男性似乎永遠保持有無盡的活力，每天忙忙碌碌地埋首於工作。他們的能量之源，來自於興趣及本身所具有的能力，一旦他們無法獲得適應的場合發揮所長，或是能力不足，或是對工作感到興趣缺乏時，他們的野心便會頓時消失，甚至逐漸變得懶惰。

B型女性不甘寂寞，閒來無事時總要找些同伴閒聊一番。B型女性既熱心又粗心。她們可以毫無拘束地和初次見面的人談笑風生。由於她們沒有心機，過於隨和，極易給人愛管閒事、「多事婆」印象。B型女性喜歡助人，熱衷於家務事及工作，能夠勝任家庭主婦一職。B型女性最大的弱點便是過於粗心大意，不善於察言觀色，不會去留意別人的感受，許多時候他們可能得罪別人或惹人厭煩而

不自知。

AB型：粘液質，性格特徵是內向、旁觀者、悲觀

AB型是綜合了A型與B型的雙重性格的人。AB型男人最擅長人際關係的調停，斡旋於複雜的人事之間，八面玲瓏，但這只是針對事務性的範疇而言，對於親情關係的維繫，他們往往興趣不濃。AB型男性在社會上相當活躍，善於經營。AB型男性的共同特點是喜歡和平，不願與人正面衝突。其共同弱點是一旦失去經濟上的支持，便極易軟弱無能，不知所措，甚至有些神經質。

AB型女性和AB型男性一樣，有些較偏向A型性格，有些較偏向B型性格。AB型女性若有神經質傾向，其情況通常比AB型男性更嚴重，許多女性甚至出現對人恐懼症和對異性恐懼症等症狀。AB型女性最沒有野心，只求溫飽、生活穩定便心滿意足。AB型女性的丈夫通常認為她們是可愛的女人，但是她們既任性又放縱，因而是「可愛的壞女人」。

O型：黃膽汁質，性格特徵是外向、行動者、樂觀

不過，O型男人一旦對於自己在社會上的地位及立場產生不滿足感時，就會經常抱持輸給別人的意識，而這種意識常常根深蒂固。這麼一來，他對任何人都很容易生氣，而當他的夥伴減少，逐漸孤立之後，便會對周圍的人產生警戒心，並因此而產生反抗意識，變

得固執起來，這種心態與O型人常有的賭博嗜好結合之後，其生活極易脫離常軌，甚至做出犯法的行為。

O型的女性是「可愛的女人」。O型女性似乎與生俱來便善於獲取他人的保護。她們除了在愛情方面敢愛敢恨之外，還有撒嬌的天才，O型女性所表現出的純真、快活的樣子，也往往給人十足「可愛的女人」的印象。但O型女性很難把這種可愛的魅力維持到中年以後。她們常會做出不小心的言行舉止，並因此得罪他人而不自知。

以上是對A型、B型、AB型、O型四種血型決定的性格特徵的簡要分析。這是對性格做出的科學的、客觀的分析。可以說，它是一種理論模型，主觀因素很少。而個性就不一樣了。個性的形成既受由血型決定的性格特徵的主導影響，同時又受到來自父母的遺傳因素的影響，另外，孩子在個性形成過程中，還受到來自個人所處的具體生存環境的制約。因而，決定個性形成的因素多而且複雜。性格是客觀的，與生俱來的，而個性卻具有極強的可變性和可塑性，無法用固定不變的標準來加以定性。

馬斯洛的需求層次理論認為，個人的需求是多層次的，在較低層次的需求得到滿足後，總是力求獲得較高層次的滿足。人都有不斷發展自己、完善自己的欲望，總是渴望自己能夠儘量少一些缺點和不足，多一些優勢和長處。

每一種血型決定的性格特徵都是優缺點並存的。但是沒有一個人希望自己的個性完全與自己的血型性格特徵相符合。比如，一個A型男人，他的自信心容易受損而趨向內向變得自悲，想逃避一

切，無所作為。但是他會樂意接受這種不足並把它向別人坦然陳述嗎？不會的，他肯定會想辦法利用各種主觀條件盡量避免，至少是淡化這種先天缺陷，讓自己在受挫時變得更自信一些。這就是個性的可塑性特徵。

下面我們試著以O型男人和B型女人為例，具體談談個性的可塑性特徵。

有一位O型的男士。從他的個性特徵來看，他具有O型男人應有的所有性格特徵。但是實際生活中的他卻並不完全受這些性格特徵的制約。他能幹，對自己所從事的事業，一旦目標確定，就會排除一切困難，堅定不移地朝著既定目標邁進，並對獲得成功充滿信心，這是O型男人共同的性格特徵。他的缺點也是O型男人共有的。他在參加研究所考試那一年，曾經因為緊湊的複習考試而與女友的關係疏遠。因為女友生病，在考前的最後階段，他甚至要求女友與他暫時分開一段時間，這樣他才有信心全副精力的投入。當然，他如願考上研究所。但事後他對此事萬分後悔，覺得自己太自私，因忙於事業而傷害了女友的心。他常常充滿強烈的進取心和奮鬥意識。因為忙於學業和工作，他的朋友不是很多，與一般的人也僅限於表面性的瞭解、認識，他本人也不想過多地瞭解他認為感覺不對的人。但是，在這一點上，他又不像一般O型性格那樣，在朋友不多時，會對周圍的人產生戒心或敵意反抗。相反，他是很隨和的。他認為，人的性格、愛好各不相同，交友不必強求，不做朋友沒關係，閒時彼此聊一聊、玩一玩，那也是一種享受。因此哪怕朋友不多，他與周周的人也相處融洽，不會心存戒心地去疏遠誰。

　　另外，他從小在農村長大，生活環境很閉塞，這對他的交際能力有很大的影響，再加上在長期的學校生活中，他一心用在學業上，與周圍同學很少深交，因此，他的交際能力還停留在較低的水準。但是他內心卻渴望朋友。尤其是到了大學以後，他有了更多的自由支配時間。因而有了更多的時間與周圍的同學進行接觸、交往。他不再過多地執著於學業，認識到事業並不是一個人的唯一。他開始交女朋友，而且是在學業最忙的大二。他開始把學業看得淡了，至少是學業、感情並重。他跟宿舍其他同學的關係也處得很好，在畢業時他與部分同學還成了難捨難分的哥兒們、朋友。

　　透過上面這個例子，我們不難看出，這個O型的男性雖然具備O型男性的所有性格特徵，但是他的個性卻不是這些性格特徵的原版複製，而是滲透了大量的個人因素和社會生活環境因素，因而變得豐富多彩，更具吸引力。

　　恰巧，上文提到的那個O型男性，他的女友是B型。

　　她身上體現出的個性特徵與B型性格特徵有很大的出入，從中，我們可以更清楚地認識到，個人成長經歷、家庭教育對個性形成的巨大作用。

　　通常，B型女性既熱情又粗心，她們可以毫無拘束地與初次見面的人談笑風生。因而，有B型女性的場合，氣氛必然非常熱鬧。但是她卻與此截然相反，她不喜熱鬧，不善言談，與初次見面的人言語不多，在參加聚餐時也常常保持沉默，不多說話。她雖然熱心，卻不粗心，因為她總能細膩地瞭解對方的表情、心理變化，體貼周到。為什麼會出現這種變異呢？這是因為她從小生活的家庭是一個

文化氣息很濃的家庭。很早就受到良好的禮儀的薰陶，不多言、不多語，對人彬彬有禮。再加上她是一個很愛唸書的女孩子，平時在班上也是不多言、不多語，這樣，她就逐漸遠離了理論上的B型女性。

例子不用多舉，我們也能很清楚地瞭解性格與人的個性的關係了。性格是一套固定的模型，但是人的個性卻是極具主觀性、可塑性的，它離不開性格模型的制約，卻又不局限於此，而總是尋求機會，極大地豐富、拓展自己的個性，使一種血型的個性同時具備多種血型性格特徵，進而極大地有利於個性拓展，使個性在一個人的生活中呈現出迷人的魅力。

3、生肖與性格

生肖之一：鼠

屬鼠的個性優點：

重視感情，有很大的志向，善於理財，聰明，精力充沛，一絲不苟，善於社交，幽默。機智、點子多、善解人意。受人歡迎、有吸引力。多才多藝。女性特愛乾淨，會將家裡整理得有條不紊。伶俐乖巧，具有樣樣都學的樂天性格。個性比較活躍、多變化且利欲心強。富幻想力，很會利用機會，爽朗活潑，討人喜愛。屬鼠的人感覺敏銳、無所不能而且善於多向經營。好奇心強對任何事情都想

很快插上一手且能巧妙地處理。

缺點：

做事魄力無窮。有固執己見的性格，有見利妄行的缺點。本性善良但態度有些不禮貌。具有自私的本質、自主的個性。善於投機取巧，愛挑剔，心胸不寬大。

生肖之二：牛

屬牛的個性優點：

做事謹慎小心，腳踏實地、行動緩慢、體格強壯、毅力強、自我犧牲。依照自己意念和能力做事。在採取行動之前，早有一番深思熟慮，而且有始有終，擁有堅強的信念和強壯的體力。有牛脾氣，明辨是非，按部就班，事業心強，最具耐力。有強烈的自我表現欲望，故不適合做默默無聞的工作，天生的優秀領導人物。女性持家有方，是傳統的賢內助，非常重視子女教育。雖然婚姻方面不太協調，能以旺盛的精力投入事業中，成為有成就的企業家。有耐性肯上進，所以能達成自己所設定的目標。溫厚、老實是終生天性，對國家強烈的熱愛，有理想，有抱負，重視工作與家庭。

缺點：

女性較缺乏嬌柔，如果能意識到自己的不足，改變一下拘謹、冷漠的態度表現自己，則在感情上亦能稱心如意。任勞任怨加上個性固執，不聽勸告。如頑石般不知變通且毫無情趣。口才木訥不善交際應酬。為人不太相信人。多執己見，沉默寡言。喜歡我行我

素，固執己見，不善溝通。

生肖之三：虎

屬虎的個性優點：

個性較爲固執、強硬、獨斷獨行，喜冒險、逞強，越挫越勇，雄心萬丈，對自己充滿信心。富男子氣概且熱情、勇敢，冒險精神過於常人。做事積極，大膽表達自己，處事霸道。一言九鼎，說到做到，絕不反悔。喜愛活動、好出風頭，有俠義心腸，性情坦誠、磊落，容易被信任。肖虎者外表不怒而威，深具自信，屬領導型人物，性格剛毅、頑強永不低頭，凡事不完成絕不罷休，凡領導之職務皆可適任。對任何事不善先做準備，他們不會把東西囤積起來以備將來不時之需。屬虎的人天生喜歡接受挑戰，不喜歡服從人，要人服從他們。

缺點：

頗具叛逆性，往往過於自信，無法與他人協調與溝通，喜歡獨來獨往，經常表現極端性。缺乏浪漫情調，對待妻子也使用獨裁手腕，缺乏愉快的家庭生活。相識雖廣但都無法深交，固執己見，爲達目的不擇手段，專橫霸道，喜歡刺激，自我意識強。

生肖之四：兔

屬兔的個性優點：

心思細密，個性溫柔，體貼人。有語言天分與犀利的口才，頗受人歡迎。個性善變，相當保守，頭腦冷靜。喜愛平穩無波的愛情生活。善交際，爲人和氣，話題豐富，談笑風生，風度翩翩，處事謹慎。厭惡與人爭執，帶有能化敵爲友的柔和氣質。O型兔豪放有膽，作風一旦顯露出來就變得勇敢果決。無論男女都是主張家庭至上。屬兔者很講究美觀，家庭佈置和陳設都優雅，生性好客，禮貌周到，富有同情心，樂於助人。屬兔的人似乎都是心地善良、慈祥的，工作效率都是卓越的，平時不會堅持自己的主張。他們絕不會輕易動怒，因爲他們心地仁厚。

缺點：

有博愛及眾的傾向及大眾情人的心態，易生感情。缺乏思慮決斷力，常因多情失敗。表面好好先生且凡事唯唯是諾，然而內心相當頑固。大都不甘生活過於單調與乏味，會不斷製造生活情趣，但對事物不善深入鑽研。凡事過於謹慎不願向人吐露心事，具有逃避現實的傾向，過於保守而失去機會。女性多愁善感，溫柔、纖弱。

生肖之五：龍

屬龍的個性優點：

有強壯的體魄，精力充沛、活力無窮、朝氣蓬勃，有高尚的理想，富羅曼蒂克氣氛，是愛面子和派頭的人。凡事不服輸，做事過於自信，自我意識強烈，有遠大目標，個性坦率，有領導才能。爲

人坦誠，絕少有卑鄙、惡劣的虛偽行為，更不喜歡搬弄是非，不怕艱難，每件事都想做到盡善盡美。是個十足的急進分子，很自大、驕傲，要比別人強的超俗觀念。女性豪爽、熱情、慷慨、善解人意，是一般男性喜愛的對象。不管什麼職業都厭惡受人指使，所以喜歡獨自計畫行事，男性有大男人主義。屬龍者象徵權勢，天之驕子得天獨厚，他的智慧過人，膽識、才氣足，慷慨大方，神氣活現。

　　缺點：

　　情緒不穩，富有夢想，茫然不可捉摸，性格傲慢缺乏寬大心胸。無法抗拒溫柔粉紅陷阱，一生中有數不盡多彩多姿的羅曼史。極少真心去愛人，因此在愛情上不會感到失望，反而那些愛上他的人飲盡其苦酒。常無法忍受他人差勁的辦事能力而批評他人，有完美主義心態。才華出眾不免自負，好大喜功有時經不起挫折和考驗，一失敗即落荒而逃，缺乏堅韌不拔的個性。

生肖之六：蛇

　　屬蛇的個性優點：

　　具有神秘的浪漫個性，斯文的外表與熟練處世的態度，風度翩翩且善於辭令，很會鑽研。冷靜、沉著，具有特殊才能，有貫徹始終的鬥志與精神。不會炫耀自己的才能，而是按照計畫逐步前進。天生感受性及知性很強，對人善意關懷的應變力強。機運上往往獨佔先機，夢想以自己的力量來創造飛黃騰達的事業，但若缺乏合作

精神，很容易失敗。沉默寡言不輕易動怒，凡事三思而行，是有頭腦的知識分子。很瞭解自己的能力，很重視精神生活，擁有來生的第六感及超人的洞察力，對事物觀察與判斷能力很強。一生在財運上非常幸運，從不缺錢用，對金錢欲很強。思路敏銳，雖然生性平淡，但能當機立斷，速戰速決，有頭腦，靈感豐富不可思議。

缺點：

表面冷漠，但求知欲很強，個性上有柔弱的一面，不易親近也不輕易表露真心，更不隨便與人交往。生性愛慕虛榮，常帶著懷疑的眼光。情緒不穩，感情易生波折。知進退、善交際，心稍帶有嫉妒，不易與周邊的人相處，重感情與金錢。態度雖然謙恭有禮，實際上是個不服輸的頑固者。愛得深且專一，無法容忍對方的負心。

生肖之七：馬

屬馬的個性優點：

性情開朗、浪漫、熱情，善於辭令，且有爽朗、樂觀的人生觀。英雄主義很重，常替人打抱不平。做事積極，有不服人的氣質，凡事不能做久，愛情表現直率、好動，異性緣多在遠方。自由奔放不善保密，說做就做，交友廣闊，與他人相處融洽，喜愛親切照顧人，經常開懷以對。演講很動聽且有領導群眾能力，由於領悟力強，往往人還沒發言他就知道對方的思想和動向。點子多，有種不認輸的潛在意識，決定做的事縱使遭到挫折也會堅持到底。各方

面天賦極高，領悟力也強，頭腦和四肢敏捷。屬馬的人頗講究衣著服飾的華麗，老愛在鏡子前反覆整容。

缺點：

血氣剛強有忍耐力，脾氣暴躁，沉迷於酒、賭中。憎恨自己孤獨的生活，需要群眾集體的掌聲，喜愛人的稱讚和崇拜。主觀獨立性強，不接受他人建議，喜歡隨心所欲，討厭被束縛。愛情上男性是生活的一部分，女性是生命的全部。O型馬喜歡在富麗豪華的場合中飛來飛去，所以喜愛從事引人注目的工作，凡事插一腳，做事往往半途而廢。最不善於理財，往往只知開源而不懂節流。常有好面子、愛慕虛榮的心態。

生肖之八：羊

屬羊的個性優點：

凡事考慮周到，對事務處理妥當，有進取心，善於交際，個性溫柔具有捨己成仁的胸懷。個性外向、勞碌操心，有外柔內剛之特質。做事慎重給人可靠的感覺，是多愁善感個性細細膩、顧慮周到的人。幹勁十足勇往前進，一生困擾事多，對事宜採取多方進行。跪乳羔羊，一生孝順，做事忍耐力強，前進不懈。見青就吃，表示能刻苦耐勞，但很主觀、固執。求知欲旺盛，連微不足道的細節都不放過。不隨便浪費金錢，懂得節儉，待人親切，熱愛大自然，有高貴大方的儀態。很得人緣並能獲得貴人扶持而掌握機運，發展事業。

缺點：

有時悲觀猶豫不決，喜歡聽天由命，不喜歡例行工作。生性喜愛被人照顧和旁人的讚美及朋友的建議。不敢做大膽地愛情表白。很主觀很固執但個性柔弱、膽怯。羊年生的女性心地善良喜歡照顧人，通常是位身材均稱、五官端正的美人。羞怯是其特性，對奇特古怪學說興趣頗濃。

生肖之九：猴

屬猴的個性優點：

才智高且具有優秀的頭腦，活潑好動且伶俐。好競爭，手腕敏捷有俠義心腸，反應快，能見機行事。社交手腕高明，善解人意，很快與人打成一片，但不喜歡被人控制，喜愛追求新鮮事物。聰明、機智、創新有才華，能言善道，有極強的自我表現欲。非常適合演藝和推銷工作。猴年生的男性精力充沛、身體健壯，常表現出機智勇敢，對環境變化有很強的適應能力，生性頑強不服輸，擁有多項才能而能居主導地位。求知欲很強，記憶力超人，頭腦靈活很有創造力。善於把握機會擴大發展，造成時勢，成為大企業家。

缺點：

平常愛說大話，有時有反對人之意見或偽詐行為。忽略必須遵守社會全體規範，有點不腳踏實地。生性愛玩，缺乏耐心和毅力，眼光看得不遠，犯有今朝有酒今朝醉的毛病。依賴心很重，好誇張和愛慕虛榮且喜新厭舊，不管做任何事都不會持續太久。狡猾、

虛偽、善變，無耐心、不忠實、狂妄自大、過分樂觀、自負心強、喜投機。為了達成目的喜愛說謊騙人，儘管才智出眾、八面玲瓏，不能以德服人，是典型的機會主義者。猴年生的人無論說話或做事一定要誠實、踏實，否則會一塌糊塗。有自以為是，急就成章的毛病，所以常導致錯誤和失敗。

生肖之十：雞

屬雞的個性優點：

做事很穩健，有現代新潮派的大志向，腦筋轉動很快。性急，喜歡打扮自己，善於交際，有貴人相助，有恒心和毅力如雞鳴晨一樣有信心。交友廣闊，能言善道，善於辯論又具有說服力。想到什麼便說什麼毫不保留，常與權威抗衡，剛愎，自信力很強，喜歡豪華氣派。喜愛他人恭維，同時喜歡讚美人，看不起那些不修邊幅的人。坦白、活躍，勇敢、風趣，機智多謀，專心一意，勤奮、熱情、慷慨。個性好專注，凡事不願落人之後，頭腦反應快。深思熟慮，勤奮能幹，富有責任感，嚴守紀律，討厭遊手好閒的人。

缺點：

具有忽冷忽熱的心理，處事往往紙上談兵很少付諸行動。心裡一有不滿馬上反應毫不隱瞞。一切以自我利益為中心，處事樂觀但刻薄短見，常自以為是，喜愛自吹自擂。說話不保留，易忽視旁人的感受與尊嚴。出言欠謹慎成為社交上的最大阻力。不會接納人的勸告卻會名正言順地去教訓人。不喜歡正式傳統的裝扮，而偏愛奇

特的樣式。喜歡嘮叨,心胸狹窄,傲慢自大,性情急躁,愛慕虛榮。

生肖之十一:狗

屬狗的個性優點:

富於正義感,講義氣,重人情道義,做事全力以赴。豪爽、勇敢,見義勇為,謹慎小心,守本分,謙虛、忠心。生性純樸、正直,誠實、友善,為人忠實可靠。富同情心,個性坦白無心機。直覺銳利,為人忠誠,頗愛主持公道,很受人尊敬。個性勤勉敬業,具有大志大望。行動敏捷,頭腦聰明反應快。感情上,愛上對方不會輕易變心,寧可自己吃虧也不願給人添麻煩,不會為了自己利益做出違背道義的事。明辨是非,腦筋靈活且有領導能力,心地善良,犧牲奉獻,博得人望。事情是正確的話會極端固執,毫不忍讓,一生忠誠,正直,責任心強,靈巧待人,和顏悅色,風趣詼諧,好打抱不平。

缺點:

感情起伏大,易躁易怒。依賴心強,杞人憂天,倔強逞勇。重理論而在現實中缺乏行動力及判斷力,不可獨斷獨行否則易遭極大的挫折。喜愛批評人,追根究底,善猜疑喜挑剔。有時會莫名的自我封閉或沉默不語。

生肖之十二：豬

屬豬的個性優點：

真誠、正直，凡事認真實行，人緣極佳。性情率直，心地善良，個人主義至上，性情剛毅，慷慨大方，直截了當，正義感強烈，光明磊落，不拘小節，天真浪漫。O型豬年生的人思想單純、天真，不會與人斤斤計較，屬豬的人絕對不是欺詐和出賣朋友的人，坦誠真意很能容忍。與人沒有多大的競爭，除非在萬不得已的情況下才會說謊，舉止適當，態度和善。屬豬者智力豐富求知欲強，慷慨大方，直截了當。與朋友友誼長久，不交則已，一旦成為朋友便會對朋友照顧得無微不至。屬豬的人抱持樂觀主義，不需要過分操勞便可維持生計。女性非常看重家庭，有計畫地安排家務。最能容忍他人譏笑，逆來順受。

缺點：

好睡重眠、心地善良，對人沒有猜疑而常受騙上當。好批評不善交際。性情急躁、脾氣粗暴而容易衝動，缺乏溝通與協調的精神。女性好猜疑、嫉妒、短視。固執、俗氣，貪玩無進取心。

4、瞭解自己的性格

由於每個人的性格不同，在人際交往中所流露出來的感情各不

相同。在這過程中所說的話和動作往往透露了你的某種性格傾向。

（1）瞭解自己屬於哪類情感的人

感情在交往中最麻煩的就是人情世故，它也是表現一個人的情感體現，比如，臉上在笑，而心在哭之類的情感流露。或者你對此視而不見。你是如何表達你的情感呢？從下面的測試中可瞭解清楚。

當你贈送他人禮物時，
A 送自己喜歡的東西。
B 認真考慮對方是否喜歡再決定。

一個貧困的人向你提出借1千元，你怎麼辦？
A 心裡面認為沒有關係，大方地借出。
B 借給他，但想著以後要還。

月底已囊中羞澀，這時朋友約你去玩，你怎麼辦？
A 車到山前必有路，與朋友出去玩。
B 「我沒錢了」而一口拒絕。

突然，朋友有急事來找你，這時屋子裡亂七八糟沒整理，你怎麼辦？

A 說一句「太亂了,對不起」,把朋友讓進屋裡。

B 讓朋友在附近的茶館等著。

朋友約你參加志工活動?

A 特別想參加。

B 目前想迴避。

過年都要送賀年卡片,你把賀年卡片送給誰?

A 只送給相當熟悉的人,其他人送給我,就回送一份。

B 不論朋友還是相識的人,每人都送,需要很多張。

已經和戀人定好了約會時間,卻被戀人取消了,你怎麼
想?

A 如果理由很充分,能夠理解、接受。

B 不管有什麼理由,約定了就是約定了,立刻勃然大怒。

走在你前面的人,突然痛苦地蹲了下去,你怎麼辦?

A 「沒關係吧?」熱心地詢問。

B 雖然想關心,但讓別人照顧,自己走自己的路。

如果向父母、兄弟介紹了自己選擇的結婚對象後,遭到他
們強烈反對,你怎麼辦?

A 誰反對也沒關係,堅持愛到底。

B 準備再考慮一下。

遇到困難時，你覺得會有多少人伸出援手幫你？

A 一兩個人，真正的朋友也就這麼多。

B 三人以上，大家都是互相幫助的嘛。

得分表：

題1：A=1分 B=0分

題2：A=1分 B=0分

題3：A=1分 B=0分

題4：A=1分 B=0分

題5：A=1分 B=0分

題6：A=0分 B=1分

題7：A=0分 B=1分

題8：A=1分 B=0分

題9：A=0分 B=1分

題10：A=0分 B=1分

得分為0～2分

你是不受人情世故束縛的、冷漠的人。你是用冷靜的、理性的思維方式思考問題的人，所以對電視劇中那種廉價、騙人眼淚的節目毫不動心。不輕易流露感情是很好的優點，但有時也可能是缺乏

想像力。比如說，沒談過戀愛的人可能就不瞭解失戀的苦惱。這就是說，你的冷漠可能僅僅是因為你經驗不足。

得分為3～5分

你不是不懂人情世故，只是過於正直而容易招損。你是不是很難開口說出一些客套話或恭維話？另外，你這個人很清高，所以，當別人穿了一身新衣服或梳了一個好髮型而希望得到讚賞時，你卻脫口而出「這不適合你的體型」。這樣，你就很難和別人交往了。但是這種人也不是沒有朋友，只是很少。他們就是十分信任你的正直的那些人。不管怎麼說，你要特別珍惜你身邊的朋友。

得分為6～8分

你很重視人情世故。你雖然比較善於處理人情世故，但也相對地容易陷入人情的糾葛之中。對自己原本很厭惡的人卻要裝出一副笑臉，有時自己也感到噁心了。這種心理最好不要介意。你重視人情世故是因為你的內心太寂寞，並怕大家遠離自己而裝出來的。如果你厭惡自己，那麼首先你要堅強，因為只有這一條路。

得分為8～10分

你充滿了人情世故，朋友一定很多。你很同情別人。別人哭你也哭，別人笑你也笑，表情隨時都在變化。但是你很認真，絲毫不

認爲這是在演戲，只是條件反射，不知不覺地感受到了別人的心情。需要提醒的是，這只是你自以爲是的想法，是你強加給對方的感情，有時你會受到別人的影響，自己難以做出合適的判斷。請不要忘記，自己有辨別好壞的標準。

（2）瞭解自己是不是一個很挑剔的人

你對於異性的長相，特別著重哪一部分？

A 臉。

B 手、腳。

C 體型。

D 服裝。

你最喜歡用什麼方式購物？

A 電視購物、喜歡看目錄介紹。

B 大減價，能便宜地買自己喜歡的東西，特別高興。

C 逛商場，連轉幾家商店，直到找到中意的東西。

你能記起前天所吃的食物嗎？

A 三餐都能想起來。

B 中午確實吃咖哩飯，只能記起這些了。

C 好像每餐都吃了，又好像沒吃，幾乎想不起來了。

在大街上無意中看到你的戀人和別的異性在一起。你怎麼辦？

A 打聲招呼：「這麼巧，在這兒碰到了。」並審視戀人的表情。

B 下次見戀人時，若無其事地詢問：「怎麼在街上碰到了你……」

C 悄悄地跟在兩人身後。

D 認爲是朋友或同事，根本不放在心上。

得分表：

題1：A=1分 B=3分 C=0分 D=2分

題2：A=0分 B=1分 C=2分

題3：A=2分 B=1分 C=0分

題4：A=3分 B=1分 C=2分 D=0分

得分為0～2分

你對什麼都不太介意。衣服能穿就行，飯能吃飽就行。那麼你就什麼也不想嗎？可以說你很大度，明確地說，你是太隨便了。當然，不是說你挑剔、越精細越好，而是說，什麼事都要做到適當些。你就要像你自己的樣子，反過來說，你自己的興趣是什麼呢？如果有一件使你忘情投入的事情，以致於你忘記了自己的生活和戀人，那又另當別論。

得分為3～5分

你是性格淡薄的人，無論對人還是對事，通常不大挑剔，而是容易妥協，「嗨，差不多就行了」。看起來是很爽快，但仔細一想，也可能是你缺乏自信。你是不是覺得「對戀人發牢騷會讓人討厭」、「因為自己體型不好，對穿衣服、戴首飾不感興趣」等等？這種不思進取的想法不好，說出你自己想說的話，一切反而會更順利。最好對外界事物多產生一些興趣。

得分為6～7分

你對自己感興趣的事情特別投入。因為你有時特別挑剔，有時又十分隨便，差距非常大。別人可能覺得你這個人很怪。比如說，你只要喜歡，就會每天穿著同一件衣服，或者收集很多自己感到有趣的謎語，或者突然迷戀上自己並不太熟的人等等。自己可能有充分理由要這麼做，但在旁觀者看來，卻有些不可理喻。不論是好是壞，你是容易走向極端的人，所以應該努力尋找平衡，因為你是生活在這個社會中的人。

得分為8～10分

你是瞪大眼睛挑毛病的人。頭腦清晰、五官端正的人總是占大多數。而你對你身邊的事以及與你交往的人，只要不順心，就全部

否定。你的這種堅定信念令人折服，但是過於挑剔了。從另一方面看，你就是太自以為是了。如果你自己想怎樣就怎樣，你的戀人和朋友就可能對你厭惡了。你在審視他人時，千萬不要忘記……別太苛刻。

（3）瞭解自己是不是冷淡的人

你正在看一個很好看的電視節目，突然有事要離開，怎麼辦？

A 只看一半，其餘憑自己的想像。

B 看一半沒意思，放棄不看。

C 到處打電話給朋友，去借錄影帶。

你的耳垂有多大？請不要看鏡子回答。

A 比一般人的大，人稱是福耳。

B 一般吧！或者比別人小。

C 到底是什麼樣子，不看不知道。

初次約會的路上，走過公園時，看到一對對情侶如膠似漆，你怎麼辦？

A 毫不介意，繼續自己的約會。

B 覺得難為情，想去別的地方。

C 大家都這樣，自己也想接一下吻。

在獨自生活的單人房間裡，想養一隻寵物，你會選擇下面
三種的哪一個？

A 小鳥。

B 熱帶魚。

C 蜥蜴或蛇等爬行動物。

去醫院做身體檢查，醫生突然告訴你得了癌症，還有三個月
的時間，你怎麼度過？

A 去看望父母、戀人等親人。

B 自暴自棄，做些平常不能做的事。

C 現在再驚慌失措也無濟於事，做些自己想做的事。

得分表：

題1：A=2分 B=1分 C=0分

題2：A=0分 B=1分 C=2分

題3：A=2分 B=1分 C=0分

題4：A=1分 B=2分 C=0分

題5：A=1分 B=0分 C=2分

得分為0～2分

你不是個冷淡的人，而是自我意識稍強。當然不能忽視別人，

可是自己也不能被別人忽視呀！你總是和別人比高低，對自己的評價是一喜一憂，真是一個典型的中國人。別人的事終歸是別人的，與別人相同的未必就幸福。應該仔細分析一下，自己是個什麼樣的人。

得分為3～5分

你並非是冷淡的人，而是屬於那種努力不讓朋友、戀人嫌棄的人。在家都認為你很能辦事，而你的內心卻可能認為「這太麻煩」。但是，假如沒有你，這個世界也許不成樣子，反正走什麼路都是一輩子，都是麻煩事情的重複，還是堅持走你自己的路吧！

得分為6～8分

你雖不是完全冷淡的人，但自己不感興趣的事，卻是一副聽之任之的樣子。像你這樣的人多起來，社會將少掉很多蜚短流長，減少很多互不服氣的競爭。這樣，世界會安靜多了。雖然你不太感興趣，可是請不要忘記，你也是社會的一員啊！

得分為9～10分

你是個非常冷淡的人，對任何事情漠不關心。對你來說，可能大多數事情都是無所謂的。當然比起冷酷無情來，這確實還是比較

好的態度。但是，如果你對交不交朋友，考試有沒有通過，事業成功還是失敗都採取無所謂的態度，那你的人生是不是太沒有意思了？請稍微打起精神來試一下吧！

（4）瞭解自己是不是刻板的人

你接了一通打錯的電話，這時你會和對方繼續講話嗎？

A 會。

B 不會。

當你走進辦公室時，恰巧碰上同事們在說你的壞話，這時，你怎麼辦？

A 根本不理睬，走到自己的位置。

B 故意詢問：「你們在說什麼？」

無意中聽到別人傳言，你所暗戀的人有了情人……

A 收集有關消息，「那是個什麼樣的人呢？」

B 受到打擊，張不開口了。

大家的傳言原來是誤會，你所暗戀的人突然提出要和你約會了，你將如何打扮赴約？

A 考慮再三最後決定還是穿平時的裝束去。

B 拿出自己的儲蓄，買一套新衣服。

假設送禮物給你暗戀的人，你會選擇哪種方法送去？

A 在和對方約會時，自然地送過去。

B 附上一張紙條，郵寄出去。

在百貨公司的寵物櫥窗看到了一隻小貓，這時你的感覺是什麼？

A 真可愛！

B 活潑的小動物卻放在籠子裡，太可憐了。

卡拉OK廳，別人在唱歌時，你在做什麼？

A 和沒唱歌的朋友聊天。

B 一邊聽歌，一邊選自己的歌曲。

假如中獎了，得了100萬元，你……

A 存入定期存款。

B 告訴大家，痛快地玩一次。

朋友邀你看電影，然而卻是自己不喜歡的電影，你如何拒絕？

A 直截了當地回答：「我不喜歡這部電影。」

B 選擇適當的辭句：「對不起，那天我家裡有事。」

腳受傷的同事一個月後回到公司，你打過招呼後，會做什麼？

A 詢問「全好啦？」、「不痛啦？」

B 打聲招呼，隨手接過同事的公事包或其他物件。

得分表：

題1：A=1分 B=0分

題2：A=1分 B=0分

題3：A=1分 B=0分

題4：A=1分 B=0分

題5：A=1分 B=0分

題6：A=1分 B=0分

題7：A=1分 B=0分

題8：A=0分 B=1分

題9：A=1分 B=0分

題10：A=0分 B=1分

得分為0～2分

你想裝得一本正經也裝不出來。想哭時就哭，想笑時就笑，這種天真爛漫的感情，會給大家帶來滿心的歡悅。由於你的性格容易獲得別人的理解，和朋友的關係也很融洽。但是要注意，不要自鳴得意，多嘴多舌。無論什麼事情，要是你隨心會所欲，誇誇其談，只會自找麻煩。有時閉上自己的嘴，學會忍耐，這才是好孩子。

得分為3～5分

你在該憤怒時，能夠憤怒；在需要交際應酬時，最好能擺出笑臉。你沒有那種正經神秘的面孔，讓人恨不起來。但是在那豐富多彩的表情下面，似乎有些做作，像戴著一副假面具，這樣就不自然了，倒讓人覺得你是個不太容易交往的人，這對自己不利，所以表情還是自然點好。

得分為6～8分

你很得意自己的一本正經，有相當強的自尊心，你是否覺得周圍的人做的事情不值得一提，甚至是虛張聲勢。當然，這看起來也不錯。但是對那些對你有好感、和你親近的人也擺出這副面孔，那你的朋友就會越來越少了。與其面對孤獨發出輕蔑一笑，倒不如和志同道合的朋友一起開懷大笑。偶爾請摘下你那毫無表情的假面具試試。

得分為9～10分

你在冷靜地裝出一本正經的後面，激盪著各式各樣的感情。你所以隱藏自己的感情，是因為你的感情很豐富而不知怎樣控制。對你非常喜歡的人卻裝出若無其事，肯定是這個原因。你本來就是一個充滿愛心和愛情的人，需要學會巧妙地把它表現出來的功夫。首先你要從面對鏡子開始，做出喜、怒、哀、樂的表情，喚起你那沉

睡不醒的臉部肌肉吧！

5、什麼樣性格的人是你的夥伴

兩個不同性格的人，他們的思維方式和做法是不一致的。在機遇面前他們的動機和把握的方向也不同。把握好機遇是成功的關鍵，機遇就像小偷一樣來無影去無蹤，而什麼樣的人才能把握住呢？

不同個性的人對機遇的把握能力是各不相同的。因為不同個性的人由於受其血型性格特徵的影響，在個性上呈現出各自不同的風貌。機遇是千變萬化的，有的機遇容易讓這種個性的人抓住，有的機遇卻根本不適合他，反之，有其他個性的人碰到這種機遇剛好合適。因此，我們很有必要瞭解一下性格與機遇之間的關係，這樣才能為自己準備好把握機遇的最佳條件。

為了說明問題起見，我們把機遇限定在商業機遇這一個層面上，談談不同個性的人如何及時抓住適合自己個性的商業機遇，正確擇業。

（1）獨來獨往型

這種類型的人是非常陰沉的，不善於理解他人的心理，借錢給別人時，一定毫不客氣地催迫討回，可以說是不折不扣的現實主義

者。

　　這樣的人是不宜成為董事長的人，顯然一旦當上主管，屬下一定覺得很辛苦，因為他完全不理會對方的感覺，屬下亦難與他的想法一致，所以，他單獨一人創立公司較為合適，這是獲得成功的一條捷徑。總之，這類人獲得成功的關鍵在於避免偏頗的想法，致力於人際關係的暢通，才能獲得勝利和成功。

（2）重視人情型

　　這類人具有好奇心，極易動感情，喜歡照顧別人，因此不太善於賺錢。這種個性的人如果行動被限制，就會感到束縛而無法發揮能力，因此與其去做公務員，不如從事與大眾傳播有關的自由職業較適合。這種個性的人如果想賺大錢，必須尋找一個好的搭檔，否則會因為不善理財，而使大把的鈔票付諸流水。

（3）輸送帶型

　　這種性格的人極易被人利用，個性優柔寡斷，喜歡照顧他人，但會因此招來傷害。因此這樣的人將來並不適合從事銷售工作，雖具有忍耐力，但因為不相信自己的能力，所以不易發揮自己的長處。這樣的人適合從事較穩定的工作，或開一家以小孩子為對象的禮品店也不錯。總之，按部就班賺錢就行。

（4）獨斷與偏見型

這樣的人喜歡搬弄一些大道理，不易採納別人的意見，一心一意只想貫徹自己的想法與做法。這種個性的人適合做議員、律師和評論家。若他將來要創立公司，應多多採納意見，若能修正頑固且自私的性格，成為成功的人物不是問題。

（5）健全經營者型

這種類型的人意志堅定，不管別人如何潑冷水，他對自己想做的事情都能勇往直前。他具有觀察現實的眼光，很少有獨斷獨行的事情發生。這樣的人將來創建公司後，將成為踏實、穩健兼具果敢力以及冷靜判斷力的經營者。

（6）組織成員型

這種類型的人雖然心中很想有一番作為，但他的行動力卻無法與計畫很好地配合，原因在於行動之前先對事情進行了一番批判。這種人無論任何事都喜歡加以批判和衡量得失，結果卻因考慮太多而使事情無法順利進行。由於習慣在固定的模式中思考，所以往往缺乏自由的思考能力。這樣的人將來最適合的職業是員警、軍人或公司主管的助理。

（7）理想崇高型

這種類型的人不易接近，性格陰沉，一味地封閉在自我的世界中，不易結交新的朋友，習慣以自己的方式進行生活。另一方面，內心深處卻有遠大的理想，富於熱情與使命。這樣的人很少有可能從事商業性的活動，較適合他的工作是從事精神性的工作，或直接從政，不過最需解決人際關係問題，與他人處理好關係。

（8）奢侈浮華型

這種類型的人極無定性，要著手一件事卻往往無法長久持續下去。當然，他也有長處，那就是他有開朗風趣的一面。再者，由於個性懶散，沒有耐性，喜歡變換工作，給人一種輕浮的印象，這種人將來較適合從事自由職業，作家、時裝設計、活動企劃等工作都於與他相宜。

（9）老大氣概型

這種人凡事都要占上風，喜歡居於領導地位，對於社會規範會比別人更加徹底地遵守，可以說是頑固者的典型。這類人喜歡與他人結交、重視情誼，具有龍頭老大氣概，喜歡照顧別人。這樣的人將來如果想做生意，可以較多的人情為基礎，廣結善緣，以招同好。但若想成功，首先必須建立勇於接納他人的心態。

（10）遊戲人間型

這種人似乎對什麼都感興趣，但是僅有三分鐘熱度，不久之後就會心灰意冷，使周圍的人很難掌握這種人的心態和想法。這類人很容易成爲不務正業的人，又因爲不喜歡固定的工作，所以應選擇稍微與眾不同的職業。

（11）平凡樸實型

這種個性的人，外表看似平凡，並無任何凸顯的個性，可以說是樸實的典型，然而並不表示他對事業或工作全無自覺之心，相反，不管遇到什麼工作，他都會做得盡善盡美。對於賺錢之事，他不會太執著，即使貧窮也會樂在其中。若要出人頭地，首先應瞭解自己的理想是什麼，然後擬定明確的步驟，積極地向前邁進。

（12）一無可取型

這種個性的人大致表現平平，對自己也沒有過高的期望，由於欠缺較特殊的專長，幾乎可以說是一無可取，加上偶爾的遲鈍、任性，常讓人迫不及待地想遠離他。對這樣的人也不必過於悲觀，只要接受專門的能力開發訓練，一定可產生新的能力，成爲一個全新的人。

（13）穩健忠實型

這種人具有較高的可塑性，若培養得當，應該能夠充分發揮其潛力，成為一個精力充沛的人。這種人生性善良，從不以嚴厲的眼光看人，往往給人一種與世無爭、沒有責任心的感受。在經營事業方面，將來如果一切順利則可發揮能力而致富，在選擇工作時，應選擇較富感性的工作，比如傳播公司等。

（14）夢想家型

這種類型的人完全缺乏理性，所以較不具現實性。經常追逐抓不住的夢幻，不易接受別人的意見。他們在事業性的經營中不易成功。最適合他們的工作是從事文學、音樂、繪畫等藝術工作。

（15）自卑消極型

這種人心中經常存有不滿與怨言，並不斷將壓力累積下來，他們往往最介意別人的看法，較難隨心所欲地行動。又因為對權威有一種莫名的恐懼感，常會附和別人。這種人並不適合居於領導者的地位。若能退而求其次，可在團體中獲得第二把交椅的地位，而愉快勝任。

6、認清有性格障礙的人的特徵

隨著時代的進步，科技的發展，要適應現代社會，每個人都必須不斷學習、進步、完善自己，才能在這個環境中生存。而性格上的某些弱點往往就是自己最大的障礙。

隨著市場經濟體制在中國的確立及進一步發展，隨著經濟體制、政治體制改革不斷深入，廣大的中國人越來越感受到生活的緊張、競爭的壓力、擇業的艱難。生活在這種社會大環境中的人由於其身心的承受力還很脆弱，因而在家庭、社會、學業、事業的壓力下，極易產生性格障礙。

這種性格障礙的具體症狀是：表面上他們仍過著正常人的生活，但深入接觸後，便發現這些人很怪。比如與人開始接觸時還客客氣氣，一旦熟悉時就經常過度親密或過度要求對方，甚至動不動就發怒。

這種人還有一個奇怪的地方，就是一會兒跟別人非常親密，一會兒又突然轉變方向，怒目相視，從一個極端跳向另一個極端。有性格障礙的人不會體諒別人的感覺和心情，非常自私任性，也因此面臨著自我統一困難及心理混亂的問題。此外，他們缺乏信心，經常處於情緒不安的定狀態。

在現代社會中，人的性格障礙主要體現在以下幾個方面：

（1）無法抑制憤怒的人

在感情上，這種人大都不易被感動，經常處於極度不安或不快的狀態。他們表達感情的方式非常激烈，無法控制激動的情緒。這是因為他們在長期的成長過程中，一直沒有養成壓抑衝動及不滿的習慣，因此無法掌握自己，沒有信心，極度不安。這種類型的人還有一個特點，那就是對別人的依賴和期待非常大，當別人無法接受或照顧他時，便會以為對方背叛了自己。

除此之外，這類人通常不會有罪惡感、自責感，而有一種與周圍的世界格格不入的孤立感。由於擔心被別人拋棄，便更努力，以更激烈的方式想要把握或挽回與別人的關係，卻總是因為方法或態度的問題而把事情搞得更糟。最後，當別人離他而去時，便可能覺得被背叛而狂怒不已。

（2）不安定的人

這種人通常人際關係非常不安定。或許這是因為他很容易和朋友鬧翻，因此，朋友關係便多維持在點頭之交的狀態上。與一般人的交往更是淺嘗輒止。這種無法與人深交的性格障礙，在相當多人身上存在著。

這種人在與朋友深入交往時，很容易變得依賴對方或毫無節制地要求對方，讓朋友非常困擾。當對方無法接納自己或滿足自己時，他們就會被激怒而任性地指責對方。這種過度以自我為中心的想法與做法，當然難以擁有良好的人際關係。

　　另一方面，由於他們對人的評價經常從一個極端走向另一個極端，人際關係當然不穩定。有時，這種人會把朋友任意地理想化，或給予過度的期待，一旦希望落空，便會轉而拼命攻擊對方。有這種性格障礙的人，其心理一直處在不安定狀態，不僅對自己，甚至對別人的期待、要求都呈現出偏執、誇大、不安定的傾向。

（3）自我毀滅的人

　　有這種性格障礙的人是很可怕的。他們特別容易出現自殺等衝動性的自我毀滅行動。雖然基本上他們並不是真正想死，但還是經常造成無法挽回的身體損害。另外，有這種性格障礙的人，會為了逃避現實而濫用藥物或酗酒、亂性、浪費金錢、暴飲暴食或拒食，有意用外物傷害身體。有的人甚至故意違反交通規則，引起交通事故。

（4）沒有自信心的人

　　有這種性格障礙的人由於在意識層次上無法掌握自己，無法給予自己適當的評價，因此產生心理的不安定。這種不安定，也就是自我同一性、自我認同發生障礙，可能導致行動與感情出現異常。這種人由於搞不清楚自己到底有什麼長處，什麼短處，所以無法讓自己得到定位和認同。換句話說，他們的自我形象非常破碎，無法統一，因此陷於不安。有時會突然出現誇大妄想的行為，藉此提高

自己的價值，讓心理獲得穩定。但有時這種自我防衛的做法露出馬腳，反而讓當事人更加無助和茫然。

　　現代社會不需要有性格障礙的人，健全的個性才是今天的人順利進入21世紀的護身符。因此對有性格障礙的人一定要早發現，早治療，盡早恢復健全的個性、性格。否則，帶著這種性格障礙進入21世紀，那麼不但一生擔憂，也會給家庭帶來無窮煩惱，而且更會造成嚴重的社會問題。

7、怎樣改造外向型的合作夥伴

（1）注意不要過度讓他工作

　　外向型的人工作都很積極，這是長處。但不足之處是，有時由於厭倦、疲勞就半途而廢，或一項工作沒完成就轉向其他工作。

　　這種人猶如一個優秀的短跑運動員，擅長起跑後的加速跑，卻不是有耐性的長跑運動員。因此他們容易暴露缺乏耐性的弱點。在工作中往往一個人承擔一切，負擔過重，因此被人稱爲將才並博得好評，但也容易四面樹敵。因此，在工作中不要一人獨攬一切，有工作大家一起做，把部分工作委託給他人做。應注意能量的控制和貯存、分配和節省，以及合理使用。

（2）注意節制頻繁的社交

　　擅長社交是外向型人的長處。如果給人的印象是八面玲瓏、得意忘形、糊裡糊塗，那麼就會對你的工作和生活帶來不良影響。

（3）對事物不要兩極分化

　　外向型的長處是能迅速地做出判斷，但其判斷往往只限於善惡、正邪、敵我、有用無用等極端化的判斷。對於事情的狀況則較少顧及，忘了其中關係也有區別。在工作方面，除了轟轟烈烈和簡單、輕鬆二者外，更有多種形式。對待生活，也不應採取孤注一擲或碰運氣的簡單化、極端化的方法。

（4）小心犯粗心大意的錯誤

　　外向型人的長處是能高瞻遠矚地思考、觀察事物。不注意細微瑣事，當然無可非議，但有時也會忽視不可忽視的事情。

　　如果常常這樣，難免招來輕率的誹謗。因此，外向型的人在工作中、在自己的人生設計、人際關係及生活等方面應注意盡量克服這種粗心大意，不要功虧一簣，使自己的努力和辛苦，僅因一點失敗就付諸東流。

（5）多交內向型的朋友

俗話雖說：「物以類聚。」但是，在親密的朋友中一定要交內向型的人，若能覓得令人尊敬的內向型的人並與之爲友，則更好。因爲這種人能潛移默化地給你帶來影響，是你樹立學習的好榜樣。

如果是工作上的密友，這種內向型的人的意見或輔佐一定有用。被稱爲「好搭檔」的人，當然根據其工作性質的不同，發揮的作用也有所不同。但在經營事業等方面，外向型和內向型的人常是「二人三足」。外向型人像推土機一樣地開拓，內向型人則平整地面，舖設軌道。

8、怎樣改造內向型的合作夥伴

（1）要提高判斷能力

判斷遲緩當然無妨，因爲有時迅速做出判斷，未必能有好結果。可是，如果總是猶豫不決，遲遲不能做出判斷結果並付諸行動，則亦十分不利。因此，經過分析、研究過有關資料，並在理論上做出結論之後，就應進行決斷。當無論怎樣仔細地研究和分析討論，也無法做出最後的判斷時，不要畏縮不前，而應朝某一方向邁進。小心謹慎固然必要，但不能只慎重而不行動。雖然判斷結果會有風險，但如果不做判斷、不行動則機會等於零。

（2）要多交際積極向上的朋友

內向型人的最大特點是對交際活動極為消極。這種類型中有的人只和少數知心的人交往，和一般人關係很淡，僅保持最小限度的接觸；也有的人認為，交際麻煩，為此而表現出躲避、恐懼、拒絕或討厭別人的態度。所以，這種人要嘛被視為能力低、傲慢、冷酷、薄情和枯燥無味，要嘛使人感到不可理喻、莫名其妙、令人不快，甚至會被誤解為危險的人，進而帶來很多不利因素。

因此，內向型的人即使不願交際，也應努力注意使他的交際活躍起來。而且，應盡可能與更多的人產生共感、共鳴，而不要把他孤立起來。

（3）追根究底應適度

這種類型的人，做事有徹底完成或徹底弄清的傾向，討厭做事敷衍了事、含含糊糊。這是值得尊重的品格，應該保持。但如果拘泥於一事的完滿，就不會注意周圍的事情，這樣，便容易產生無暇顧及其他事。在弄清某一事件時，也不要一味追究到底。在與人的關係方面，如果過分追根究底，就會被認為是庸俗、不文雅或嚴厲、無情。

在工作上，如果過於追究某人的失敗、錯誤和責任，有時也會招致怨恨或拼命的反擊。

俗話說：「狗急跳牆。」因此，不要對他人過於嚴格和苛刻。如果連細微之處都窮追不捨，就會成為「摳根癖」，這樣，不僅會

遭到人們的厭煩，而且自己也有逐漸厭事的可能，所以，應該對此予以注意，盡量避免追根究底。

（4）應發揮內在的獨特風格

這種類型的人，常常蘊藏著內在的獨特風格。不少內向型的人具有溫和、風趣、優雅、細緻、高尚、純真、虔誠，甚至神秘等特性，應注意發揮這些特性。應認識到自己的這些內在特性是寶貴的財富。應該堅守「只有自己的生活方式，才具有真正的人性力量」這種價值觀。

有意識開拓內在的理想，並反映到實際生活中。內向型的人不應滿足於模模糊糊、朦朦朧朧的無意識狀態，而應努力使自己內在的理想具體化，與實際生活相結合，盡量使之在實際生活中表現出來。

（6）想像力應實踐於創造中

內向型人屬於「冥想型」，其特點是喜歡沉迷於冥想或空想。這種類型的人，應努力使自己面對現實，發揮其創造力，不要只是漫無邊際地夢想或作白日夢。人類曾因夢想「能像鳥一樣在空中飛翔該有多好」而發明了飛機，使想像成為了事實。由此可見，「想像是創造之母」。

日常生活中，人們會產生各種變化無窮的想法；工作時，人們

可能產生跳躍性的設想，這些都應朝創造性的方向。同時，內向型的人的感受性很豐富。這種深刻、敏銳、新穎的感受性若能朝著創造的方向，同時有效地應用到實際生活中，無疑將會更有價值。

9、掌握四種典型的性格特徵

性格成功學裡有的一段話：「它可以幫助每個人找到真正的自己，進而理解自己的思想，寬容自己、愛自己；以往我們總愛跟別人比較，產生自卑甚至偏激的心理，這都是因為沒有看到自己獨一無二的優點。」從四種典型的性格：活潑型、完美型、力量型與和平型尋找成功人的特質。

這一步完成了，才能認識別人、寬容別人、愛別人，因為他們的存在跟你一樣有價值，可以學會跟別人和睦相處。由於認識到每個人天生都是優秀的，我們就可以超越自己，享受生命真正給我們公平的快樂。

古今中外，對性格的分類有不下幾十種之多，在綜合、比較的基礎上得出了四種基本的性格特徵，四種典型的性格特徵是什麼？將性格的典型特徵劃分為四種類型：活潑型、完美型、力量型與和平型。然後對每種性格特徵做出了最深入的解剖與對照，對於這幾種性格特徵的描述是：

活潑型

活潑型的特點是對別人無所謂，對自己也無所謂。他們是屬於外向、多言、樂觀的群體，他們的存在給世界帶來了無窮的歡樂。他們以極度的喜悅擁抱每一件事，當他們對生命抱以寬容和接受的態度而不苛求什麼時，生命所帶給他們的意義就更加豐富。健康的活潑型人物樂於與人分享他們認為自己是快樂並且熱情的，他們把幸福和快樂視為人生的目標。

完美型

完美型的特點是對別人要求嚴格，對自己也要求嚴格。整體講他們是內向的思考者，屬於悲觀的一群人。但他們不會因為悲觀就失去積極的意義，由於敏感，他們往往會提早發現一些危機。完美型朋友的生命意義就是奉獻、犧牲，這是非常難能可貴的生命意義。健康的完美型人物對每件事都很擅長，他們是所有人格形態中最具才能者。

力量型

力量型的特點是對別人要求嚴格，對自己無所謂。他們充沛的注意力與精力總是向外地集中於這個世界。力量型的人物不會被內在的默想所分心，因此從不會從實際行動的世界退縮。相反，他們神采奕奕地隨時準備投入新的領域。他們對這個世界的喜愛總是一

再地把他們引導向前，使他們不斷地獲得新的興趣和能力。

和平型

和平型的特點是對別人不要求，對自己不苛求。他們普遍內向，樂做旁觀者，屬於悲觀類型。和平型的寫照是：自制、自律、實踐、平靜、滿足、感受深刻敏銳、不忸怩、情緒穩定、溫和、樂觀、讓人安心。他們支持別人，有耐性，好脾氣，不自誇，是個真好人。

概括起來說，四種性格的人生意義各有側重，活潑型是歡樂、情趣，力量型是工作、前進，完美型是貢獻、犧牲，和平型是輕鬆、隨和。

10.吃透成功性格的十三個特徵

研究一些成功人士試圖發現一些促使他們成功的技巧、天賦和特徵。當你看到這些技巧、天賦和特徵時，你就會意識到其中的大多數你已經擁有了。而其中的某些技巧與天賦對你商業上已經獲得的和即將獲得的成功有著更為顯著的影響。這些你都能夠輕而易舉做到。這將會成為你的優勢。

如果你發現自己還有一種技能或天賦是你需要的，你卻並不具備，你就必須去尋找擁有這一技能或天賦的人或團隊，透過培訓使

你獲得所需的東西。這些人將成爲你的隊友、同事、合作者、職業顧問和朋友。

隨著各類技能與天賦的結合並不斷增強，你就會變得更加成功。

成功來自於你的想法。爲了成功你首先必須相信你會成功。以下就是你在每一位成功人士身上都會發現的技能、天賦和特徵：

（1）**成功的人心懷夢想**。他們有著極爲明確的目標感，顯著的目的性。他們清楚的知道他們想要的是什麼。他們不會輕易地被別人的想法和觀點所左右。他們有著堅強的意志力。睿智而富有思想。對於成功的渴求爲他們帶來了意想不到的收穫。他們總是能完成一些其他人認爲不可能完成的任務。

獲得成功只有一種合理的想法。所有傑出的人士關注的都是事情的結果，而從不爲自己尋找藉口。任何人都會爲自己沒能完成的事情尋找藉口，想盡辦法去解釋，但是渴望成功的人是不會找藉口來解脫的。

（2）**成功的人有野心**。他們希望完成任務。擁有高度的熱情、使命感和自信心。他們非常自律。他們拼命努力工作，甚至加班熬夜。對於成功他們有著強烈的欲望。爲了完成工作他們願意付出任何代價。

成功來自於努力的工作。而生命中的快樂也來自於工作和因此而獲得的成功。

（3）成功的人始終不斷向成功奮進。完成一項使命後給他們帶來的是巨大的滿足感。

（4）成功的人是專注的。他們專注於最為重要的目標。他們不會受到其他事物的干擾。他們絕不拖延時間。對於他們所做的重要方案，不到最後一刻他們不會讓方案就此擱筆的。他們的工作是繁忙而卓有成效的。

（5）成功的人知道如何將事情辦好。他們能夠在最大限度內運用自己的技能、天賦、精力和知識。他們做那些必須要做的事情，而不僅僅是那些喜歡做的事情。他們努力工作並出色地完成任務。

快樂在於工作的進展和完成之中，而不在於擁有這一結果。有一個問題：「佛蘭克，你是喜歡令人愉快的習慣，還是令人愉快的結果？」當我坐在椅子上思考這個問題的時候，就像是掛鉤頂端的小蟲。我覺得自己彷彿已經被逼入絕境了。過了好久，我回答道：「我喜歡令人愉快的結果。」從那一刻起，我的生活就此改變。我開始致力於一些困難的問題，因為它們可以使我達成我的目標。

（6）成功的人勇於對他們的行為負責。他們從不尋找藉口。他們不埋怨別人，也從不抱怨。

（7）**成功的人總是不斷地在尋求解決問題的方案**。他們擁有可以識破機遇的頭腦。當他們發現機遇的時候，他們會善加利用這些機遇。

（8）**成功的人具有決斷力**。他們仔細研究各種相關的因素和事實，充分地討論和思考，然後果斷地做出決定。決定做出不會有一絲遲延，一定是當機立斷的。成功的小技巧：在你每一次做決定之前，請多花一些時間去思考和制定周密的計畫，這樣你就會做出更好的決定。

成功的小技巧：當事情並不像你所設想的那樣得到相對的結果的時候，你就必須做適當的改變。任何決定都永遠不可能是一成不變的。

（9）**成功的人勇於承認錯誤**。當你犯錯的時候，承認它，改正它，然後繼續前進。絕不要花一點點時間、精力、金錢或者其他的東西去為一個錯誤或錯誤的決定而辯解。

當人們做錯了事情的時候，他們可能會向自己認錯。如果他們能很好的解決這些錯誤，他們就會向他人承認自己犯了錯，甚至因自己的率直和胸懷寬廣而自豪。但當別人企圖將錯誤處掩飾的時候，人們往往會變得戒備和憤怒。

（10）**成功的人是獨斷獨行的**。他們具備成功所需的技能、天賦和嚴格的培訓。

（11）成功的人具有獨特的想法、培訓經歷，或者是技能，又或者是天賦。他們知道成功應具備些什麼。如果他們還不具備這些，他們就會努力去尋找具備這些東西的人。

（12）成功的人知道如何與他人共事和合作。他們有著外向的性格。在他們的周圍聚集著許多為他們提供幫助與支持的人，而他們則是領袖。

（13）成功的人們是狂熱的。他們會因自己正在做的事情而激動，同時這種激動會傳染給其他人。他們能將人們籠絡在他們的周圍，因為人們願意與他們一起工作，成為生意上的夥伴，願意和他們在一起。

第八章

選人不能憑感覺

1.不能只憑感覺

選擇合作夥伴不能憑感覺，也不能抱著試試看的心理去做，必須要有正確的態度，必須從多方面審視自己，同時也必須對周圍的環境和切身利益做周密的思考。為了避免麻煩，一開始在選擇合作夥伴的時候你就應該慎重。

大體來說，人們之所以需要合作夥伴，是出於以下的一些原因：

（1）**資金問題**。獨自創業資金不夠，希望大家能一起湊一湊。

（2）**交情問題**。大家本來就是好朋友，吃飯、做事都在一起，一起創業也是件自然而然的事。

（3）**資源問題**。一個人如果擁有很好的資源，人們在創業時就會自然而然地想到邀他入夥，以便利用其資源。比如很多人開餐館時，都會想到邀請稅務官員或者工商官員的親戚或朋友入夥。又比如很多官員還在任時，就有很多人打主意要與他們一起合夥創業；一旦這些官員離開官場，立刻就會有人將他們接入「市場」，這是因為有「背景」的人與自己在一起，不但可以帶來某種管制上的方便，而且可以帶來滾滾的客源和財源。

（4）**專業能力**。光有錢是不夠的，還要找些懂管理、懂市場
　　行銷的人，各類的專業人才一起創業，創業成功的機率才
　　會更大一些，這就是那些離職的外商「主管」如此吃香的
　　原因。一是因為他們見多識廣；二是他們的專業能力，經
　　過外商高職正規化的訓練和薰陶，這些人的管理能力確實
　　勝人一籌。

幾個人合作一起來做番事業，來創業，與單打獨鬥式的創業比
較起來，其優勢是十分明顯的。比如說可以風險共擔，在決策時可
以群策群力，眾人拾柴火焰高，創業資源更加充裕，人員調遣更加
從容，可用資源更豐富，能使企業成長速度更快，效果更好。但
它的麻煩同樣顯而易見，比如人多嘴雜，各有主張，決策意見難
統一；有困難時企業是大家的，誰都往後縮，有好處時企業是自己
的，誰都往前擠。這些問題常會導致合夥關係的破裂，使創業者身
心俱疲，痛苦不堪。

為了避免這些問題的出現，在挑選合作夥伴時有一個非常重要
的技巧，那就是，在選擇合作夥伴的時候，著重看他的可替代性。
當你在挑選合作夥伴的時候，首先要考慮對方在企業中的位置是否
可以替代，或者現在雖然不能替代，但在可預見的將來很容易替
代。如果你的這位或這群創業夥伴是很容易替代的，那麼，對你
來說就是有利的，這意味著你可以將整個事業始終操控在自己手
裡；反過來，如果你是被別人挑選來作創業夥伴，那麼，你首先要
考慮的也是自己在合作關係中的可替代性。如果你是輕易可以被替

代的，或者現在雖然不能替代，在將來的某個時段卻是很容易被替代的，這樣的創業合夥關係對你來說，就是一種危險的合夥關係。你要隨時做好被人踢出局的準備。如果預計在被踢出局之前的這個時段內，你得到的回報可以令你滿意，那你不妨接受別人合夥的邀請，否則，對這樣的合夥關係，你最好還是加以拒絕。

曾經有位湖南的朋友打電話給我們，告訴我們他的遭遇。這位朋友是位廚師，在做菜上很有一套，對餐飲行業也很熟悉。他一直想擁有一家自己的餐館，卻苦於沒有資金。一年前，他在長沙火車站旁邊看中了一個店舖，經過仔細觀察，他認為在這個地方開家餐館生意一定會很好。他就去找他一位做生意的朋友，這位朋友看過店舖，也覺得這是個做餐飲生意的好地方，朋友就出資金將這個店舖盤了下來。當時兩個人說好，對方以店舖入股，他以技術入股，雙方的股比按三七開，分成也按三七開，也就是說，賺了錢，他得三，他的朋友得七。在他的朋友將投資（主要是買店舖的錢）收回來以後，兩個人的股比將變成1：1，也就是各占50％，賺了錢也是一人一半。當時兩個人商量好，餐館由他負責經營，他的朋友再投入一部分錢作流動資金，算作是對餐館的借款。他的朋友將不參與餐館的經營管理。他仔細考慮後，覺得朋友很照顧他，開出的條件很公允，就痛快地答應了。當時兩個人做得很正規，請了律師，合約也簽了，一切事情都說得很清楚，他心裡覺得很踏實。餐館開幕以後，果然如他所預料生意很興隆。兩個人按協議，每個季度分一次紅，但在第二次分紅的時候，他的朋友提出自己不想做了，希望他將店舖盤下來自己做。他一開始還覺得很奇怪，這麼好的生意

對方為什麼不做了？後來他才想明白，對方其實是看見生意好，想吃獨食，想將他擠出去，又礙於情面或礙於雙方有合約，不好明著說，所以就用這種辦法逼迫他，因為知道他不可能一下子拿出那麼多錢把店舖買下來。雙方談了好幾次都談不攏，他只好退出。這位朋友在電話裡告訴我們，這次合夥創業，他雖然在經濟上沒有遭受到什麼損失，可以說還小有斬獲，但在心理上遭受的打擊卻非常沉重。他說，如果再給他一年的時間，他一定會把這個店舖盤下來自己做。

由此可見，合作關係的替代性有多麼重要。對於這位廚師的朋友而言，廚師就是屬於那種可以輕易被替代的創業夥伴，因為現在好廚師、懂餐飲經營管理的人才有的是，只要有錢，隨便都可以找得到。對於這位廚師來說，他的朋友卻是屬於不可替代的創業夥伴，因為對方有資金，而他缺的正是資金。所以，對於這位做廚師的朋友來說，他的那位合作夥伴就是一位危險的合作夥伴。但情形並非一成不變。創業夥伴的相互關係、在企業中的位置隨時都在發生著變化。正如這位湖南朋友所說，只要再給他一年的時間，他一定會把這個店舖盤下來自己做，因為再經過一年的積蓄，資金對他將不再成為問題，對方反而變成可隨時替代的角色了。對方可能也正是看清楚了這一點，合夥才半年，就匆匆地踢其出局。

所以，創業者在尋找創業夥伴，考慮創業合夥關係的時候，首先要考慮的不是股權，不是是否控股，而是自己在創業組合中的替代性問題。這與創業中途的融資是不同的。在創業中途的融資，因為企業已初步成形，創業者首先要考慮的應是企業的控股權問題。

只有控股，而且是絕對控股，才能保證企業大權不旁落，保證企業按照創業者自己的意志，而不是別人的意志發展，在這方面，原新浪總裁王志東已經得到過深刻的教訓。而在創業開始，創業者首先要考慮的應是自己不要中途退出，因為只有保證自己不退出，以後才談得上保護自己的利益。

從那位給我們來信的山東朋友說明的情況看，這位朋友在創業合夥關係中的替代性是沒有問題的，反而是他的合作夥伴比較危險，因為比較容易被替代，這可能也正是他的夥伴死抓著這位朋友不放的原因。除了替代性外，在考慮創業合夥問題時，還有幾個「不可以」要注意。

2、把握夥伴的價值

碰到一個好的合作夥伴是創業者一生的幸運，不適合的合作夥伴容易使人兩敗俱傷。不同的創業者創業的目標和動機可能不同，而不同的目標與動機則會導致不同的經營戰略和思想。

志向遠大，才能做大公司。合作夥伴在一起，想要合作良好，最好有共同的「志向」，即共同的價值觀、價值取向。「志」指的是目標和動機，從廣義上講包含了創業者建立公司的動機、目標，以及創業者確定的公司目標、規劃等諸多複雜的內容，可以是賺錢、揚名、實現理想……「道」就是實現「志」的方法、手段，即公司的經營思路和經營策略。著名公司老闆艾科卡選人的首要標準

就是志同道合，要求部下必須熟知他的領導作風，對他的管理辦法堅持貫徹執行。

所以，選擇合作夥伴時，志同道合很重要。創辦一個企業到底為的是什麼？你要明白你的目的。如果你的合夥人只想盡快收回成本並得到最大利潤回報，而你的目的卻是要做成一個長久性的公司，做成百年老字號，那麼，雙方的衝突將不可避免。

巨人集團的初期發展值得大家學習。初創業的時候是由史玉柱和幾個朋友合作做起來的。皇天不負苦心人，經過艱苦的工作，他們終於讓自己的產品被消費者初步接受了。計算下來，公司有了大約20多萬元的利潤。當時幾個合夥的好朋友想一人分得幾萬元，好好享受一下，也算勞有所獲。但史玉柱堅決反對，他說：「既然大家選我當經理，那我就要對公司負責。我們公司現在剛起步，現在還不是享受的時候，要看長遠發展。」經過史玉柱的耐心勸說，大家接受了他的建議，把這筆錢全投入了廣告，結果他們獲得了數以百萬元的回報。

就我們眼前所見，廣東華帝燃具「華帝七子」堪稱為合作夥伴的典範，另外，樂百氏的「四龍一鳳」也不錯，不過，隨著法國達能收購樂百氏，這一個創業夢幻團隊也告煙消雲散，可見合作之難。

3、選「熟」不選「生」

　　希望選到一個好的合作夥伴，還有一個原則，就是盡量「不要與陌生人說話」。仔細研究真正合作創業成功的企業選擇合作夥伴的方向不難發現，選擇你熟悉、瞭解的人通常是條捷徑。

　　很多人說當當是「網路夫妻店」，「老闆娘」俞渝並不介意這樣的比喻。「夫妻店不是缺陷。我覺得好處是溝通成本很低。一個公司發展越來越好的時候，企業高層的問題也會隨之越來越多。而我和國慶不會，比如在亞馬遜的收購問題上，我們談了談，再和其他人溝通一下，很快就決定了。」

　　有著「外胡內南」最佳拍檔美稱的南存輝和胡成中從小就是同班同學，胡成中比南存輝大兩歲，南存輝是班長，胡成中是體育委員。畢業後，南存輝成了修鞋匠，胡成中做了裁縫師。20世紀80年代後期，兩人共同集資，創辦樂清求精開關廠。由於經營得當，樂清求精開關廠生意興隆。在他們合夥創業後的6年，成了兩個人各自事業的預演。兩個人這一階段最大的收穫，一是累積了各自的第一桶金——創業6年盈利200萬元，而更主要的恐怕還是兩個人都明白了今後應當怎樣做。

　　合夥創業就像選擇婚姻伴侶，好的伴侶能帶來幸福，壞的伴侶只剩下災難。儘管誰也不會在結婚時就能預料到離婚的那一天，美滿的婚姻不僅僅需要婚後保持溫度的技巧，也需要在婚前對伴侶進行深入、仔細的瞭解與觀查。

　　在世界產業界聞名遐邇的索尼公司，有一個傳為美談的故事，創始人井深與盛田昭夫在長達51年的時間裡，共同經營索尼。他們從青年時期一起走過困境，步入輝煌，進入垂暮，甚至到中風失去

說話能力，兩個人始終相互沉醉於彼此的高度默契之中。

　　商業是利益的結盟，需有明確的利益保證條款。索尼公司最早的資金全部是盛田的父親久作工門爲長子籌備的，每有需要都解囊相助。每一項相助都在股份形式上得到確認。現在不清楚最初索尼公司的股權結構，但是，久作工門最多也只占**17%**，可見索尼公司起步時期，就已經爲管理團隊的知識產權留下了足夠的迴旋餘地。正是這樣明確的界定，才穩固了公司的結構。

4、什麼樣的人不能選

（1）觀念意識有分歧者不可以合夥

（2）目標認知有分歧者不可以合夥

（3）利益分配有分歧者不可以合夥

（4）一股獨大者不可以合夥

（5）相互信任有問題者不可以合夥

（6）性格相處有問題者不可以合夥

（7）有自己一相關事業者不可以合夥

　　這都是經驗之談。除此之外，還有一些細節問題要考慮。在股權、紅利分配等等大事之外，例如企業中的事務性工作的分配，出現衝突時的解決方式，萬一合夥不下去時的拆夥辦法等，如果大家在一開始有協議，以後麻煩出現的時候，解決起來就會比較容易。

　　可以說，所有的創業者最初聚在一起，都是為了做出一番事業來的，應該沒有人是朝著拆夥才合夥的，但拆夥不可避免，這是一件無可奈何的事情。國外有統計，在美國合夥創業經過5年而當初合夥團隊仍然能夠完整保留的不到20％，在中國，根據我們的調查，合作創業中經過3年創業團隊仍然能夠完整保留的不到5％。既然拆夥不可避免，那麼先小人後君子，醜話說在前面就非常有必要。買賣不成仁義在，因為一次合夥創業的經歷，而使朋友變仇敵，大可不必。比如這位山東朋友，我們建議他首先坐下來和他的合作夥伴好好商量，看看有沒有一個大家都可以接受的兩全之策。生意上的事，盡量用生意場上的辦法來解決，沒有必要行意氣之爭。

5、如何挑選培訓公司作為戰略夥伴

　　所有的人都意識到在新世紀裡，學習能力第一重要。在激烈競爭的市場中能夠生存和勝利的組織，一定是善於學習的組織。但絕

大多數公司都沒有力量建立自己的培訓學院，自己研究和開發課程培訓公司的員工，僅就技能的獲得而言，外部獲得培訓資源被公認為一種有效的員工發展的手段。

很多公司都有一些培訓公司作為自己的戰略合作夥伴，但有的公司在大量雜亂的培訓公司資訊面前感到迷惑，如何選擇合適的培訓公司作為自己的戰略合作夥伴，變成許多公司人力資源部和高級管理人員面臨的問題。

（1）培訓的誤區

對於培訓發展，有部分企業，寧願花錢招聘新人，不願花錢培訓有忠誠度的老員工；沒有明確的培訓目標，只是有培訓的願望，無法進行培訓的投資回報分析；不進行培訓公司的挑選；培訓組織工作差，使培訓變成「休假」和「開會」。

（2）培訓公司現狀

據統計在北京一地就有3000家各式各樣的培訓公司。培訓公司可分為兩大類，外資公司和內資公司。對於外資公司，他們的特點是有自己的知識研究機構，自己的知識產權和多年的歐美企業培訓經驗，他們的培訓體系健全，專業的方向有深刻和獨特的優點，但因他們的運作費用高，收費奇高，有的公司甚至有語言的問題，即使在中國投資的歐美企業，因為需要培訓的通常是公司內的中方本

地人員，所以自然會產生語言溝通的問題。內資公司中，我們可以
分爲知識型培訓公司和實戰型培訓公司，一般大專院校派駐的培訓
公司偏重於知識的傳播，他們的特點是知識體系系統、講授和研討
爲主，公司的培訓師是學校的老師，通常沒有實際在企業中運作的
經驗，所有的交流來自於調研和訪談；由具有實戰經驗組成的培訓
公司側重於培訓的實際經驗總結和培訓知識的提升，他們的特點是
以互動和啓發爲主，公司的培訓師有比較好的行業背景，但這些公
司的問題是知識體系比較混亂，主要依據客戶的要求，課程之間有
重複現象。

（3）一般培訓公司的工作流程

詢問需求；確認需求；提供培訓的建議書、大綱和報價；簽協
議；實施培訓；付結款。

（4）培訓（內訓）的關鍵點

要有認真的訪談便於課程內容貼切；根據訪談，培訓公司的培
訓師應該有針對性地改編教材。

選擇無產品競爭性的有同行業工作經驗的講師作爲培訓師；培
訓公司應該提供後期的培訓效果評估報告。

第九章

怎樣用人

　　企業之間的競爭，從根本上說就是人才的競爭，誰選擇並擁有了出類拔萃的人才，誰就緊緊握住了取勝的籌碼。聰明的企業家為了完成一個企業的使命，他們會不惜一手段把那些適合自己企業發展的人才，招攬到自己的企業中來，並委以重任。

1、以史為鏡

　　選用人才是一項專門的學問。自古以來中國的統治者們把選才用人這門學問稱之為用人之道，可見其重要性。

（1）何謂人才？

　　何謂人才？這是在選才用人過程中必須加以重視的一個根本問題。人才是指在一定社會條件下，能以其創造性勞動，對社會發展、人類進步做出較多貢獻的人。由於人與人之間的差異性，人才也可區分成不同的層次，例如：高級人才、中級人才和一般人才。不同層次的人才所發揮的作用也不盡相同。漫漫歷史長河中，之所以有那麼多人士被歷史記載下來，彪炳千古，正是因為他們在推動歷史發展的過程中，發揮了較大的或巨大的作用。

（2）發現人才之道

　　人才資源的開發，或者說發現人才之道，應把握以下幾個環節。

A.要眼中有才

　　任何時代都不乏人才，但人才能否被發現、被利用並發揮出這些人才所有的潛能，則是不同的時代有不同的表現和狀況的。列寧在評價法國大革命時曾提到過「羅蘭夫人的錯覺」，指的是當時一位非常活躍的女革命家，在革命高潮之際，被表面的混亂形勢所迷惑，認爲沉渣四起，難覓人才，對革命前景持悲觀、失望的態度。列寧認爲，任何時候都不能講沒有人才，關鍵是看你想不想去發現人才。

　　中國古代也不乏這樣的例子。唐朝的李林甫曾在145年負責科舉考試的過程中，創造了無一人錄取的記錄，成爲歷史奇聞。被後人譽爲「詩聖」的唐朝大詩人杜甫，在屢試不中的情況下，這一年又被淘汰出局，無奈中，只能獨自嗟嘆生不逢時。李林甫刷盡天下英才後，還曾向玄宗上表祝賀，說什麼這是「野無遺賢」，人才搜羅已盡，真可謂一派胡言！

B.慧眼識才

　　開明的管理者，不僅要有慧眼識才的本領，還要有海納百川的胸襟，勇於接受毛遂自薦者。而要能做到這一點，首先需要的還是

能慧眼識才。不能辨識人才的領導者，即使送上門來的人才都無法辨識，使用人才當然也就無從談起。

楚人卞和，從山中得到一塊璞玉，獻於厲王。厲王不以為玉，反以欺君之罪斷其右足。之後，卞和不甘心埋沒此寶，又將其獻給武王。武王仍不識，又以欺君之罪斷其左足。文王繼位，卞和懷抱璞玉，三天三夜，哭於荊山山中。文王聞訊，急派人取來，仔細辨識之，方知是價值連城的稀世之寶，遂命名為「和氏之璧」。後人必為卞和所喪失的雙足而惋惜，但同時也會為他能碰上文王這樣的識玉之君而慶幸。

中國古代三國時期的著名政治家劉邵曾說：「一流之人，能識一流之善；二流之人，能識二流之善。」意思是講，能不能發現人才，發現什麼層次的人才，與人才發現者本身所具備的素質能力有著直接的關係。

C.創造囊狀環境

毛遂自薦的故事可謂家喻戶曉，但毛遂在自薦時所說的一段話並不為大多數人所知。他說：「智士處世，如錐在囊中，其穎立見。」把這句話翻譯成白話文就是：布袋裡放不住錐子。毛遂的這段話的確耐人尋味，其中有兩層含義，一層含義是：布袋裡的確放不住錐子，是人才早晚會顯露出來；而另一層的意思是：不能不考慮到客觀環境與人才發現之間的關係，錐在囊中，其穎立見。錐在木箱中，甚至鐵皮箱中，是否也能「立見」呢？雖然靠著一些輔助

手段，也能使錐尖顯露，但畢竟加大了難度。所以要求領導者們要盡力為人才的顯現創造良好的環境——囊狀環境，不要等人才白了頭時再發現，為時已晚，既誤人才，更誤事業。

D.克服「馬太效應」

《聖經》裡馬太福音一章講了一個故事：一天，主人要外出，他把三個僕人叫到面前，根據他們的才幹分給他們不同的銀兩。第一個僕人分到的最多，第二個僕人其次，第三個僕人最少。主人走後，第一個僕人用主人留下的銀兩當本錢，做買賣又賺了一倍；第二個僕人學著第一個僕人的樣子也賺了不少；而第三個僕人卻把銀兩埋了起來。主人回到家後，聽了前兩個僕人的彙報非常高興，可是沒等第三個僕人說完就開始大發雷霆，臭罵這個僕人一頓，並決定收回所有分給他的銀兩，用來獎勵賺的最多的第一個僕人。在故事的結尾處，有幾句話作為總結：「凡有的，還要加給他，讓他有餘；沒有的，連他所有的都要奪過來，讓他不足。」後來，美國科學家羅伯特・默頓首先將這種現象稱為「馬太效應」。

聯想到社會上紛紜的人才現象，「馬太效應」可以說是一種普遍存在的社會心理慣性。已經成名的「顯人才」，社會加給他越來越多的榮譽、職位、待遇以及特權等；而尚未成名的「潛人才」，歷經艱辛做出點東西卻乏人問津。這就給我們的領導者提出了一項重要的社會職責，就是要發現人才於未名時，支持人才於逆境時，形成人才的梯隊態勢，保證事業後繼有人。還是那句老話：「一花獨放不是春，萬紫千紅春滿園。」

E.重視「共生效應」

「共生效應」是指在一個較小空間和同一段時間裡，人才成團出現的現象。其特徵是：高能為核，人才團聚。

《戰國策》中記載了一段淳于髡與齊宣王的故事。齊宣王有一天想讓淳于髡給他舉薦幾位人才，淳于髡馬上說出了七個人的名字，齊宣王十分驚訝地說：「俗話說：『人才難得，賢士難覓。』你怎麼一下子就向我舉薦了七位呢？」淳于髡說：「俗話說：『物以類聚。』動植物都是如此。比如要找名貴的草藥，平地難尋。但到了深山老林，就可以滿載而歸；人也是如此，我淳于髡總還算個賢士吧！讓我選才，如河邊汲水，火石取火一般。」

從人才由「潛」到「顯」需要突破「馬太效應」這一角度而言，人才團現象減少了奮鬥的阻力，人才的相互推薦，為成批發現人才創造了條件。1979年諾貝爾物理獎授獎時，發生了一件有趣的事，在三位獲獎者中，有兩位是美國紐約布郎克斯高級理科中學的畢業生，而且還是同班同學。一名叫格拉肖，一個叫溫伯格。消息傳出，一些昔日同窗不禁歡呼雀躍，發起舉辦了1950年級的校友團聚會，以示慶祝。當這些闊別三十二年的同窗之友歡聚一堂時，大家驚奇地發現，除了兩位獲得諾貝爾獎的同學外，還有許多人也做出了顯赫的成績。當同學們一起回憶自己的成長過程時，發現這條成材之路的起點便是布郎克斯中學。溫伯格滿懷熱情地說：「你想成為什麼樣的人，多少有些取決於你與誰一起上學，這裡有一種共

生效應。」

（3）用人之道

發現人才是重要的，因爲這是使用人才的基礎；但更重要的還是使用人才。用人要會用，要用好，使其才能發揮到極致，這就是用人之道。

用人必先知人。三國時期的諸葛亮在其《心書》一文中說到如何知人時，提出了七條途徑：其一，「問之以是非而觀其志」，即從其對是非的判斷來觀察其將來的志向，看看是否胸懷大志；其二，「窮之以辭辯而觀其變」，即提出尖銳的問題對其詰難，看其觀點有什麼變化，能否隨機應變；其三，「諮之以計謀而觀其識」，即就某方面的問題諮詢其看法和對策，看其知識、經驗如何，具不具備分析問題和解決問題的能力；其四，「告之以禍難而觀其勇」，即觀察其在困難面前的表現，看其有沒有知難而進的勇氣和處變不驚的良好心理素質；其五，「醉之以酒而觀其性」，即以美酒款待，看其個人品德如何，是否兩面三刀，陽奉陰違；其六，「臨之以利而觀其廉」，即觀察其在金錢財富面前的表現，看其是否能經得起物質利益的誘惑，是否能保持良好的心態；其七，「期之以事而觀其信」，即託付其辦事以視其信用如何，是一諾千金，還是信口開河。諸葛亮的這些觀點很有現實意義。我們應該借鏡古人的經驗，拓展知人的思路。

用人重在時機。人的智力、能力和體力並不是均衡發展的，客

觀地說，人才的智力發揮呈拋物線狀。人才發揮智力水準的峰值是青年到中年的階段，因此，用人就不能貽誤時機，要在一個人才華橫溢之際，精力旺盛之時予以重任，以發揮其才能，實現人盡其用。

用人能否把握時機，與領導者的素質有著很直接的關係。有一個故事。漢武帝有一次到郎署去視察工作，在那裡遇到一位老者，衣服破爛，兩鬢花白，步履蹣跚。漢武帝非常驚訝，就問他：「你叫什麼名字？什麼時候入郎署？」老者答曰：「我叫顏駟，是江都人，在文帝的時候做了郎官。」武帝又問：「你怎麼這樣大年紀還是個郎官呢？」顏駟回答：「文帝喜歡文人而我好武，景帝喜歡老人而我那時還年輕，而您喜歡青年我卻已老了，所以，我雖然三朝為官卻始終未能得到提拔。」武帝聽了顏駟這番話，感很深觸，隨即提升他為會稽都尉，以謝他的一番直言。

這則歷史故事告訴我們，用人的時機把握不好，就會埋沒人才、荒廢人才。時至今日，我們的一些企業仍然在論資排輩，使用人才不是靠能力，而是需要靠年資。這種狀況雖然已在逐步改觀，但其慣性還將持續一段時間。

用人重其所長。美國總統林肯曾經說過：「我的生活經驗使我深信，沒有缺點的人往往優點也很少。」《南方週末》曾刊載一篇文章，題目叫「綜合測評」，文中簡單敘述三個人的大致表現，問哪個人能造福全世界。候選人Ａ篤信巫醫和占卜家，有兩個情婦，有多年的抽煙史，而且嗜好馬提尼酒；候選人Ｂ曾經兩次被趕出辦公室，每天要到中午才肯起床，讀大學時曾經吸食鴉片，每晚都

要喝一夸脫（大約一公斤）的白蘭地；候選人C曾是國家的戰鬥英雄，保持著素食的習慣，從不抽煙，只偶爾來點啤酒，年輕時沒有做過什麼違法的事。一般人是不願把票投給有那麼多缺點的A和B的，而C則是比較理想的候選人。可是文中給出的結果卻絕對讓所有的人瞠目，有缺點的A和B分別是美國總統羅斯福和英國首相邱吉爾；而那個沒有多少缺點的人竟是惡名昭彰的阿道夫‧希特勒。這篇文章觀點獨特，卻出人意料，但很能說明問題，也就是說，羅斯福和邱吉爾之所以能成爲傑出的領導者，絕不是因爲依靠上述缺點，而是依靠他們的智慧和才能。

　　從這個例子可以看出，才幹越高的人，其缺點也往往明顯。有高峰必然有深谷，「金無足赤，人無完人」的格言誰都會說，可是一到現實中就全都忘了。

　　用人重在信任。「用人不疑，疑人不用」是中國的古訓。「魏文侯藏書任將」的故事可以說是典型的例證。

　　戰國初年，魏文侯派大將討伐中山國，碰巧的是，樂羊之子樂舒當時正在中山國爲官。兩軍交戰，中山國想利用樂舒迫使魏國退兵，樂羊不爲所動。爲把握勝局，樂羊對中山國採取了圍而不攻的戰略。消息傳到魏國，一些讒臣紛紛向魏文侯狀告樂羊以私損公。魏文侯不予輕信，隨即決定派人到前線勞軍，並爲樂羊修建新宅。樂羊圍城數日，待時機成熟，一舉破城，滅了中山國。班師回朝後，魏文侯大擺慶功宴，酒足飯飽，眾人離席後，魏文侯叫住樂羊，搬了一個大箱子令其觀看，原來裡面裝滿了揭發樂羊圍城不攻、私利爲重的奏章。樂羊激動地對魏文侯說：「如果沒有大王的

明察和氣度，我樂羊早為刀下之鬼了。」歷史事件生動地顯示，用人不疑是多麼的重要。

（4）適才而用

清代詩人顧嗣曾經寫過一首詩：「駿馬能歷險，犁田不如牛；堅車能載重，渡河不如舟。捨長以就短，智者難為謀；生材貴適用，慎勿多苛求。」詩人在這裡用了馬、牛、車、舟四種事物不同功能的比喻，說明了量才使用的重要性，只有人事相宜，才能人盡其用。

清朝的曾國藩是很會用人的。一次，李鴻章向曾國藩推薦三個人才，恰好曾國藩散步去了，李鴻章示意三人在廳外等候。曾國藩散步回來，李鴻章說明來意，並請曾國藩觀察那三個人。

曾國藩說：「不必了，面向廳門、站在左邊的那位是個忠厚人，辦事小心，讓人放心，可派他做後勤供應之類的工作；中間那位是個陽奉陰違、兩面三刀的人，不值得信任，只宜分派一些無足輕重的工作，擔不了大任；右邊那位是個將才，可獨當一面，將來作為不小，應予重用。」李鴻章很吃驚，問曾國藩是何時觀察出來的。曾國藩笑著說：「剛才散步回來，見到那三個人，走過他們身邊時，左邊那個低頭不敢仰視，可見是位老實、小心謹慎之人，因此適合做後勤工作之類的事情。中間那位，表面上恭恭敬敬，可是等我走過之後，就左顧右盼，可見是個陽奉陰違的人，因此不可重用。右邊那位，始終挺拔而立，如一根棟樑，雙目正視前方，不卑

不亢，是一位大將之才。」曾國藩所指的那位「大將之才」，便是淮軍勇將，後來擔任臺灣巡撫的劉銘傳。

　　只靠看一眼，就能分辨出人才的做法未免草率，但這則故事卻很好地說明了適才適用、量才使用的道理。

　　不可妒賢忌能。楚漢相爭，劉邦得勝，欣喜之餘，對眾臣說：「吾所以有天下者何？」聽了幾個大臣的回答，他認為都沒有說到重點上，言道：「夫運籌帷幄之中，決勝於千里之外，吾不如子房；鎮國家，撫百姓，給饋餉，不絕糧道，吾不如蕭何；連百萬之軍，戰必勝，功必取，吾不如韓信。此三者，皆人傑也，吾能用之，此吾所以取天下也。項羽有一范增而不能用，此其所以為我擒也。」由此看來，劉邦之所以取勝，關鍵是他勇於使用能力超越自己的人。但辨證地說，劉邦也有高過其他人的地方，就是因為他眼中有才，並大膽使用，這就是他的成功之道。

　　身為領導，並不一定要比所有的部屬更有才幹，關鍵是要看能不能將各有所長的一群人組織在一起，共同為實現組織的目標去努力。美國的鋼鐵之父卡內基就是一位傑出的領導。雖然他已去世多年，但他的碑文卻留給世人永恆的回憶。碑文是這樣寫的：「一位知道選用比他本人能力更強的人來為自己工作的人安息於此。」

　　把人才挖掘出來，把人才的才能激發出來，這就是對每一個管理者最根本的要求。如果管理者是無私的、奉公的、優秀的、成功的，那麼他就不會浪費每一個人才；如果身為管理者將人才浪費掉了，他就不是一個好的管理者，或是一個以權謀私者，最好的解決辦法是讓這樣的管理者挪挪位子。

2、用人秘笈

疑人不用，用人不疑；疑人也用，用人也疑；以「剋」相制的訣竅；身為領導者要有容人的雅量；以退為進的用人策略；度量知人，要有主見；打破常規，靈活用人；用人應以大局為重；疏導為主，堵塞為輔；大事清楚，小事糊塗；兼聽則明，三省吾身；身為領導者應果斷決策；身為領導者要抓大放小；容人之短，用人之長。

一個管理者各方面的才能，並不一定都要高於下屬，但用人方面的才能卻要出類拔萃。知人善任，活用人、巧用人、用好每一個人，這是管理者成功的一個關鍵因素。關於這一點，劉邦有句經典之言：「運籌帷幄，我不如張良；決勝千里之外，我不如韓信；籌集糧草銀餉，我不如蕭何，而他們都被我所用，這就是我得天下的原因。」劉邦之所以能得天下，其主要原因是因為他善於用人，能集他人所長為己所用。

如此看來，能否輕輕鬆鬆領導，關鍵在於用人。管理是一門藝術，用人同樣也是一門藝術，掌握用人之道，可以從以下十點入手。

（1）慧眼識才，悉心育才

身爲管理者，要有一雙識人的慧眼，仔細觀察你的下屬和周圍的人，看看哪些是有真才實學的人，哪些是可塑之才，如果確實是人才，就量才加以提拔任用，如果是可塑之才，就要平日多多加以指點和培養，以備後用。

（2）不拘一格，知人善任

用人過於僵化和拘謹，會使下屬失去積極性和創造力，間接地阻礙了你事業的發展。「變則通，通則久」，用人也是如此，要根據形勢的變化而轉變用人的方法。把人才用在適合他的位置上，使其充分發揮自己的能力，從另一個角度說，就是在減輕你自己的負擔。

（3）合理授權，指揮若定

管理者切忌抓住權力不放，生怕被別人搶走，而應當合理授權。合理授權是指管理者把本來屬於自己的一部分權力委授給下屬，指明工作目的和要求，並爲其提供必要的條件，放手讓下屬努力完成工作任務的一種管理方法。既已授權，就不要對其過於干涉，但授權要有限度，要留有指揮權和監督權。這樣你就能從繁瑣的事務中解脫出來，坐鎮指揮就可以了。

（4）恩威並施，賞罰分明

　　「恩」和「威」是用人的兩種方法，「賞」和「罰」是用人的兩種制度。「恩」可以顯示出領導者的仁義，「威」可以樹立管理者果斷威嚴的形象，「賞」可以激勵下屬的積極性，「罰」可以使下屬記住教訓，進而能使其更謹慎、踏實地工作。

（5）以身作則，樹立威信

　　管理者如果要求下屬們八點上班，而自己則十點以後才到，久而久之下屬們就會認為這個制度只是個形式，他們在工作上就會變得懶散。身為管理者要求下屬們做到的事情，自己要首先做到，這樣才能在下屬面前樹立威信。

（6）放下身段，關心下屬

　　管理者如果每天擺出一副高高在上的架式，在心理上有極高的優越感，下屬們就不敢和不願意接近他，很多事情也無法溝通，會極大影響工作。其實，管理者在工作之時，只要稍微保持一點威嚴即可，切不可過於嚴肅。在工作之外，管理者和下屬應該是一種朋友關係，要經常關心下屬的生活狀況，處處替下屬著想，及時幫助下屬解決生活上的困難。只有這樣，才能贏得下屬的尊重，並有利於管理工作的順利開展。

（7）曉之以理，動之以情

當管理者想網羅人才時，當管理者想安排下屬去做他不願去做的工作時，當管理者在處理下屬間的衝突時……這時管理者要做到「曉之以理，動之以情」。每個人都有自己的理性和感性，想說服某個人，就要從這兩方面入手，做到「情理相依」，這樣才會達到理想的效果。

（8）疑人也用，用人也疑

常言道：「疑人不用，用人不疑。」這是有一定道理的，但現在卻流行一個新觀點：「疑人也用，用人也疑。」即使你對某人持有懷疑之心，但如果他是人才，你就可以大膽啟用，即使你已重用了某人，但也一定要保持適當的戒心，否則容易在過於信任上吃大虧。

（9）容人之短，用人之長

人的成長受多種因素的影響和制約，因此諸多方面發展是不平均的，必然有所長也有所短。一個人如果沒有缺點，那麼他也就沒有優點，現實的情況是缺點越突出的人，其優點也越突出，有高峰必有低谷，一個管理者在用人時，若能有「容人之短」的度量和「用人之長」的膽識，就會找到幫助自己獲取成功的滿意之人。

（10）集合眾智，無往不利

「集合眾智，無往不。」這是松下幸之助先生窮七十年功力悟出的至理名言。

的確，在一個企業中，最重要的就是挖掘人才、利用人才。一個人的才幹再高，也是有限的，且往往是擅長於某一方面的偏才。而將眾才為我所用，將許多偏才融合為一體，就能組成無所不能的全才，發揮出無限巨大的力量，這是用人之道的最高境界。

如果做到了以上十點，並結合自身的特點運用，你就會成為一個出色的管理者。但要切忌，不要對所學知識囫圇吞棗盲目效仿，要學以致用，在實踐中逐步完善自己，樹立起有自己特色的領導風格。

3、有了人才要會用

人才對一個企業來說，其重要性是不容質疑的。但如何運用好人才使其發揮他們的才能，是每一個企業不容迴避的問題。

有頭腦的企業決策者都懂得「有了人才要會用」這個簡單的道理。

通常去過廟裡的人都知道，一進廟門，首先是彌勒佛，笑臉迎客，而在他的北面，則是黑口黑臉的韋陀。相傳在很久以前，它們

並不在同一個廟裡，而是分別掌管不同的廟。

面目慈祥的彌勒佛，總給人一種快樂的感覺，所以來的人非常多，但他什麼都不在乎，丟三落四，沒有好好的管理帳務，所以始終入不敷出；而韋陀雖然管帳是一名高手，但成天板著臉，太過嚴肅，得人越來越少，最後香火斷絕。

細心的佛祖在檢視工作時，發現了這個問題，心想他們兩個都是自己所需的人才，應該想個辦法解決這個問題。於是，佛祖就把他們兩個放在同一個廟裡，由彌勒佛負責公關，笑迎八方客。於是香火鼎盛。而韋陀鐵面無私，讓他負責財務，嚴格把關。在兩人的分工合作中，廟裡呈現了一片欣欣向榮的景象。

在這裡可以說佛祖是一個管理人才的高手。

在企業裡，知人善用很簡單，只要像佛祖安排韋陀和彌勒佛那樣，把人放在合適的位置上就行了，但關鍵是在於怎樣用。

德魯克指出：做出有效的人員提升和人員配備的政策，有以下幾個簡單而又重要的步驟：

(1) 首先要搞清楚任命的核心問題

在發佈任命之前，起碼要事先搞清楚任命的原因和目標，其次才是物色人選的問題。

德魯克特別強調，職位應該是客觀的，職位應該根據任務而定，而不應該因人而定。德魯克指出：假如「因人設事」，那麼組織中的任何一個「職位」的變更，都會造成一連串的反應。這是因

爲組織中的任何職位都是互相關聯的，所以牽一髮而動全身。

因此，我們不能爲了給某人安插一個「職位」，而使整個組織的每一個人都受到牽連。再說，因人設事的結果勢必會造成大家都是「人不適職」的現象。

（2）確定一定數目的候選人才

這裡關鍵的是「一定數目」。正式的合格者是考慮對象中的極少數，如果沒有一定數目的考慮對象，那在選擇的時候，範圍就會很小，確定合適人選的難度就會增大。要做出有效的用人決策，管理者至少應該著眼於3~5名候選人。

（3）用人要用長處

如果一個管理者已經研究過任命的問題，他就明白，一個新的人員最需要集中精力做什麼。核心的問題不是「各個候選人能做什麼？或不能做什麼？」而應該是「每個人所擁有的長處是什麼？這些長處是否適合這項任命？」

短處是一種局限，它當然可以將候選人排除在外。例如：某人適合技術工作，但任命所需要的人選，首先必須具有建立團隊的能力，而這種能力正是他所缺乏的，那麼，他就不是適合的人選。

德魯克極爲突出地分析了兩種用人的思維方法，一種是只問人的長處而用之；一種是只注意人的短處，用人求全。前者能使企業

取得成效，而後者卻只會給企業帶來不良的後果。

　　有效的管理者能使人才發揮他們的專長，他懂得用人不能以其弱點為基礎。想要取得成果，就需用人之所長—他人之所長、上級之所長及自我之所長。每個人的長處，才是他們自己真正的機會。發揮人的長處，才是企業的唯一目的。須知任何人都必定有很多弱點，而弱點幾乎是不可能改變的。但我們卻可以設法使弱點不發生作用。管理者的任務，就在於運用每一個人的長處。有效的管理者擇人任事和升遷，往往都以一個人能做些什麼為基礎，所以，他的用人決策在於如何發揮人的長處。

　　一個有效的管理者並非以尋找候選人的短處為出發點。你不可能將績效建立於短處之上，而只能建立於候選人的長處之上。許多求才若渴的管理者都知道，他們所需要的是勝任的能力。如果有了這種能力，企業總能夠為他們提供其餘的東西，若沒有這種能力，即使提供其餘的東西，也無濟於事。

（4）傾聽他人的看法

　　一位管理者的獨自判斷能力，與多人廣泛商討之後的判斷能力是有差別的，因為我們每個人都會有第一印象，有偏見，有親疏，有好惡，我們需要傾聽他人的看法。在許多成功的企業裡，這種廣泛的討論都作為選拔程序中一個正式的步驟。能幹的管理者則非正式地從事這項工作。

(5）讓所任命的人瞭解職位

被任命人在新的職位上工作了一段時間後，應將精力集中在職位的更高要求上。管理者有責任把他請來，對他說：「你當地區行銷主管或某某職務已有3個月了。爲了使自己在新的職位上取得成功，你必須做些什麼呢？好好考慮一下吧！一個禮拜或10天後再來見我，並將你的計畫、打算以書面形式交給我。」並指出他可能已做錯了什麼。

如果你沒有做到這一步，就不要埋怨你的任命人成績不佳。應該責怪你自己，因爲你沒盡到一個管理者應盡的責任。

4、不是所有的人才都適合你

身爲一個企業的管理者，每個人都知道人才對一個企業的重要性，但由於人才之間有著巨大的差別，並不是所有的人才都適合一個企業的發展。所以在招募人才的時候，一定要走出「人才」的誤區，一定要結合企業的發展需求和實際需要，去挑選適合自己的人才。

著名的汽車大王帕爾柏剛開創自己的汽車代理業務時，曾爲自己的公司聘請了一位大汽車製造公司的管理人來負責汽車的統銷業務。對汽車來說，這位管理人的知識足以去當一名大學教授。

但遺憾的是，這位管理人對汽車的銷售、銷售人員的管理、如

何控制不必要的銷售費用、行銷策略方面的知識一竅不通，由於他來自生產廠家，習慣於汽車生產管理，對如何與廠方據理力爭，掌握到暢銷車的貨源缺乏見地，最終使帕爾柏希望落空。

後來，他另聘一位善於經營、懂得銷售的人，此人十分瞭解汽車銷售行情，推銷中有自己獨特的見解，更注意費用的核算，使帕爾柏的公司蒸蒸日上。

隨著公司業務的發展，公司內部都要注入新血液。但如果所接受的「血」型不對，就無法使公司充滿活力。反之，極大的影響公司發展，甚至使公司「病危」。故此，管理者若能走出以下幾個誤區，用人就會變得簡單許多。

(1)「專家」誤區

為了保證招募品質，管理人可能會組織一批由各種「專家」如人力資源專家、心理測試專家、專業技術人員等等組成招募團隊。這些「專家」可謂是精兵強將，但在招聘方面也許並不管用，因為具體職位需要什麼樣的角色，他們並不會十分清楚。因此，管理人要請一些行家裡手來評判，請熟悉職位的人來招聘募人。

(2)「文憑」誤區

文憑與學歷的確可以代表或說明一個人的教育水準，但不能把文憑、學歷看得過於神聖，過於絕對。因為學歷、文憑並不等於知

識；文憑、知識也不等於才能；知識、才能更不等於貢獻。

(3)「精英」誤區

有人說：「一個諸葛亮是偉大的，但三個諸葛亮就很難說了。」這與「三個臭皮匠，勝過一個諸葛亮」正好相反。因為聚集偉大人物並非就能組成「偉大小組」，即把所有令你滿意的人放在一起並不一定會做出令你滿意的工作。一個好的小組，必須是你擅長這方面，他精通那方面，各有長短，將他們組合在一起才能變成樣樣都行的好小組。如同一個好的樂隊，吹、拉、彈、唱都有，再加上一個會指揮的，就可演奏出好的樂章。如果一個小組都是精英，如同滿盤象棋都是車，見面就「兌」，工作是無法開展的。管理人在招募人才時，不要指望個個頂呱呱，更不要將同類型的人才湊在一起，關鍵是要長短搭配，優勢互補。

(4)「經驗、直覺、測驗」誤區

直覺、經驗、測驗固然重要，但不可過分依賴。因為濫用心理測試不但不能提供準確的資訊，反而掩蓋了被試者的實際能力。如有些理想人格的模式可以構築心理學家心目中的某種幻想，但對實際工作並無多大意義。

總之，這裡的種種誤區只是提醒管理者，時刻預防陷入舊迷思，要勇於向傳統模式挑戰，做出招募新人的榜樣，才能夠適應新

時代徵人的潮流,做新時代的領頭人!

　　人才是一個公司中最寶貴的財產,身為管理者又怎樣快速地擁有這分財產呢?最簡單的捷徑就是招聘到有用之才,這裡有5個錦囊妙計,不妨一試。

　　◎許諾重金。

　　◎高位任他選。

　　◎說服其朋友。

　　◎滿足合理的要求。

　　◎解決他的後顧之憂。

　　看看以下的故事就知道這5招確實是「夠威夠力」。

　　在美國紐約的華爾街,有一個來自中國上海的華人金融家,他的名字叫蔡志勇。蔡志勇於20世紀50年代初期投身於美國金融界,幾十年來任憑華爾街潮起潮落,狂瀾迭起,他都以自己神奇的智慧和力量化險為夷,絕處逢生。特別是在一波三折、危機四伏的股票市場上,步步為營,穩紮穩打,進而取得了輝煌的成就,被譽為「點石成金的魔術師」、華爾街的「金融大王」。並於1987年2月1日榮任全美500家大企業之一的美國容器公司董事會首席執行董事

和董事長。說到這裡，我們不能不說說威廉・伍德希德這個洋「伯樂」是怎樣慧眼識蔡志勇這匹「千里馬」的。

威廉・伍德希德是美國容器公司的董事會首席執行董事和董事長，是一個「唯才是舉」的開明人士，他所管理的容器公司是一家實業公司，擁有多家製罐廠，多年來一直想在金融界求得發展，因此，急需聘請像蔡志勇這樣的奇才來策劃經營，但苦於一直找不到合適的人選。

蔡志勇在金融界所展示的超凡才能引起了威廉・伍德希德的注意，他慧眼識俊傑，立即與蔡志勇接洽商談：由於威廉・伍德希德求才若渴，又不愧是網羅人才的高手，竟不惜1.4億美元的現金和股權高價收購了由蔡志勇任董事長兼首席執行董事的「聯合麥迪森」財務控股公司，並邀蔡志勇出任容器公司董事。明眼人一看便知，威廉・伍德希德收購「聯合麥迪森」是假，「收買」蔡志勇是真。

蔡志勇上任後果然沒有令威廉・伍德希德失望，憑藉著容器公司的雄厚實力，在金融界大展身手，沒多久就使得容器公司有了突破性的進展。他先是動用1.52億美元收購了美國運輸人壽保險公司的股票，又以8.9億美元的鉅資收購了若干家保險公司、一家經營互惠基金的公司、一家兼營抵押及銀行業務公司……並取投資2億美元，進一步發展這些公司的業務。他連續四年將超過10億美元的資金用於容器公司的多種金融服務事業。

蔡志勇以金融業務為突破口，並積極開展多樣化的業務，使該公司1984年資產達26.2億美元，銷售額為31.78億美元；1985年第一季度的純收入達3540萬美元；而1986年第一季度的純收入高達

6750萬美元，與同期相比幾乎成長一倍！證券業務更是令人驚嘆！

　　僅以1985年為例，容器公司所屬的各保險公司售出的保險單面額高達770億美元。如今的容器公司已今非昔比，它的麾下擁有33個容器廠，在全美500家大企業中排在名130名。該公司的金融服務業已形成一套完整的體系和不斷發展的金融網路。

　　看到蔡志勇上任僅四年，就為公司增加了10億美元的資產。威廉‧伍德希德更加器重蔡志勇，1982年2月升任他為執行副總裁，1983年8月又將他升任為副董事長。

　　威廉‧伍德希德不無自得地坦言相告：「蔡志勇是容器公司金融服務業的『頂樑柱』，我們之所以收購他的公司，就是為了把他吸收到我們公司裡來。」

　　1986年威廉‧伍德希德退休，按照慣例，身為董事長，他在退休之前要向董事會推薦他的接班人。當時有兩名候選人，一名是現任副董事長，57歲的蔡志勇；一名是現任副總裁，55歲的康諾，最終，他選擇了蔡志勇。因為他清楚地看到，蔡志勇事實上已成為美國容器公司「偉大的戰略執行者」，也更具有「發展事業的信念和能力，更有進取心」。

　　至此，人們不得不佩服威廉‧伍德希德的遠見卓識，1.4億美元也確實花的值得。

5、盯住人才的長處

有一個故事，有人曾經指著擺在一起的幾十盆青松，要別人辨認，看哪些是真松，哪些是假松。這些青松形狀、色澤一模一樣，可是有人很快辨出真假。旁人問其原因，他說：「這很簡單，只要細看那枝葉，凡有小小蟲眼的，一定是真松。」這就叫無疵不真。

辨物如此，識人也一樣。「金無足赤，人無完人」，這是很簡單的道理。管理者在識別人才時，就應該正視這種事實，不要用「完美」的觀點看人，死死抓住一些小毛病不放，而要以善意的態度瞭解一個人的全部情況，分析一個人的所有特點，從中找出長處。

（1）正確對待「恃才傲物」者

現實生活中，我們經常聽到有人議論：「某人確實有才，但就是自命不凡。」，「某人恃才傲物。」「恃才傲物」者，確實是管理工作中經常遇到的一個問題。管理者若處理不當，輕則落個心胸狹窄、不能容忍的印象；重則可能使人才遭到排擠、工作不能有聲有色開展。那麼，管理者應該怎樣對待恃才傲物的下屬呢？

所謂恃才傲物者，通常多是有才華、有主見、有稜角，但又不太好管理的人。通常有兩種：一種是確實有才學，但性格孤傲。英國著名政治家魯艾姆說過：「受過教育的人容易領導，但不容易進行壓制；容易管理但也不能進行奴役。」這種人通常都有主見，善於鑽研問題，不肯輕易放棄科學上有根據的東西，甚至有點「固執己見」。

這樣就容易被認為「驕傲自大」、「恃才傲物」。這種人才通常有以下特點：

◎**愛提意見。**古人說：「千人之諾，不如一人之諤。」其實這正是他們的可貴之處。

◎**常「將」主管的軍。**一些甘居外行的主管對此頗為反感。

◎**靠知識和能力工作，不靠阿諛、奉承。**他們認為自己在人格上與任何主管都是平等的，不愛拉關係、走後門、找後臺，尤其更以多數從事科學研究、學術研究的人才見長，還有些人因為工作性質關係，接觸同事機會較少，也易被人們稱之為「孤芳自賞」、「清高自傲」。如果不加分析地一概視他們為「恃才傲物」，則是片面的。

知道了「恃人傲物」者的特點，要正確對待他們就簡單多了：

◎**一是善於識別，辨才識才。**

什麼是真正的「恃才傲物」，什麼是極端的「剛愎自負」，什麼是「真知灼見」，什麼是「固執己見」，首先要劃清「人才」與「非人才」的區別。

一般來說，真正有才的人發表意見往往從實際出發，出以公心，敢負責任，勇於堅持正確意見；而盲目自高自大、目空一切者，則往往以個人名利為重，從主觀意識出發，頑固地堅持錯誤主張。

◎**二是心胸開闊，大度容才。**

聰明的管理者要特別做到能容人，虛懷若谷，從善如流。其次還要懂得一個企業能不能容才、會不會用才，是這個企業事業發展

興旺不興旺的標誌。人才興則事業興，人才衰則事業衰。領導者要善於「以部下的光榮為自己的光榮，以部下的驕傲為自己的驕傲，以部下的成功為自己的成功」。

◎三是嚴格要求，鍛「才」成長。

身為人才，不可能是完人，特別是有些恃才傲物者，身上的缺點還相當明顯。身為管理者，則要認真履行職責，既要關心、愛護他們，又要嚴格要求他們。特別是對有性格缺陷的人，更要嚴格要求他們，幫助其盡快完善人格修養。

（2）要容忍下屬的短處，「偏袒」下屬的錯誤

管理者應該勇敢保護那些略有瑕疵的優秀人才，尤其要能容忍下屬的短處，甚至「偏袒」下屬的短處，其用意當然不是喜歡或者縱容下屬的短處，而是另有所圖。

在多數情況下，管理者圖的是以下幾方面的好處：

其一，為了更好的發揮和利用下屬的長處。

其二，贏得人心，進一步密切上下級的關係。

**其三，極大地提高自己在下屬中的聲譽，有意將自己塑造
成寬厚、豁達的管理者的新形象。**

其四，為了實現某個既定的管理目標。

因此，在權衡利弊，決定取捨時，管理者必須本著「得」大於「失」的行為準則來行事，只有當容短護短這一行為本身不超越某條臨界線時，採取容短護短的方法，才是有價值的，可行的。

在不超越臨界線的前提下，管理者在具體運用容短護短原則時，仍然面臨著十分廣闊的選擇餘地。這時候，身為一個精明的管理者，就應該充分利用手中執掌的選擇權，靈活掌握容短護短的「尺度」，放手大膽地「袒護」自己的下屬。例如：

◎在可寬可嚴的情況下，只要下屬認知較好，其他人又能諒解，就應從寬處置。

◎在可早可晚的情況下，對於下屬的過失，不妨拖一拖，擱一擱，待事後再做處理，或者給下屬一個將功補過的機會，視其表現如何，再做處理。

◎在可高可低的情況下，不妨將下屬的缺點評估得低些，將下屬的過失性質評估得輕些。充分利用用人行為伸縮度向人們提供的選擇自由，做出「偏袒」下屬的用人抉擇。

◎在可大可小的情況下，對於下屬的短處或過失，不妨大事化小、小事化了，盡量縮小處理的規模以及處理後產生的影響層面。

總之，靈活掌握容短護短的「尺度」，是在合理的「選擇圈」內進行的，它利用的是人們的認知「伸縮度」，而不是人們的「認識誤差」和「行為誤差」。在具體運用容短護短原則時，應該充分注意這一點，否則，就會步入誤區，出現重大用人失誤。

獲取理想的容短護短效果，不僅需要嚴格掌握界線，靈活掌握選擇度，而且還需要巧妙運用各種最有效的方法，恰到好處地將管理者的用意傳遞給下屬，使下屬既能明白管理者為什麼要偏袒他，以此極大地激發起他的積極性和創造性；又能使下屬在不感到難堪的情況下願意接受管理者對他的偏袒，進而最大限度地保護下屬的

自尊心和自愛心。

在這方面,領導者可供選擇的行之有效的容短護短法有很多,其中比較簡單易行的有:

(1)在下屬偶犯過失,懊悔莫及,已經悄悄採取了補救措施時,未造成重大後果,性質也不甚嚴重,管理者就應該不予過問,以避免損傷下屬的自尊。一件工作、一項任務完成以後,管理者要充分肯定下屬為此付出的努力,把成績講足,客觀分析他們的失誤,把問題講透。這樣其工作得到認可,不足也得到指點,就會在以後的工作中揚長避短,提升自己。特別需要注意的是,對那些勤懇工作、超負荷運作和善於創新的下屬要格外愛護。在一般情況下,他們的失誤可能多些,他們更需要關心和支持、理解。

(2)在即將交付下屬一件事關全局的重要任務時,為了讓下屬放下包袱,輕裝上陣,不要急於計較他過去的過失,可以採取暫不追究的方式,再給他一次將功補過的機會,甚至視具體情節的輕重,乾脆減免對他的處分。

(3)護短之前,不必大肆聲張,護短之後,也無須用言語來點破,更不需要主動找下屬談話,讓下屬感謝自己,唯有一切照舊,若無其事方能收到最佳效果。

(4)當下屬在工作中犯了錯,受到大家責備,處於十分難堪的境地時,身為領導者,不應落井下石,更不要抓代罪羔羊,而應勇敢地站出來,實事求是地為下屬辯護,主動分擔責任,這樣做不僅拯救了一個下屬,而且將贏得更多下屬的心。

(5)關鍵時刻護短一次,勝過平時護短百次,當下屬處於即將

提拔、晉級的前夕，往往會招致眾多的挑剔、苛求和非議，這時候，身為一個正直的管理者，就應該站在公正的立場上，奮力挫敗嫉賢妒能者壓制冒尖的歪風邪氣，勇敢保護那些略有瑕疵的優秀人才。

6、人才是你的左右手

俗話說：「一個籬笆三個樁，一個好漢三個幫。」這句話充分說明了一個人創辦事業的時候，單憑自己的力量，是難以完成的。

當初，劉備打天下的時候，如果沒有把張飛、關羽等眾多的英雄招攬於自己的麾下，就無法完成他的大業。

對於一家企業而言，絕不是憑藉一個人的能力就可以造就一個企業的輝煌的。

因此，企業家總是盡力創造優良條件，去挖掘更多的優秀人才。

在國際市場上，義大利不光是傢俱和時裝出名，眼鏡也堪稱一絕。米蘭城眾多的眼鏡商中，有位名聞天下的眼鏡大王，他的豪華眼鏡店無限風光。

據調查，每五個義大利人當中就有1個戴這家眼鏡店的產品。該店在出口市場上也十分吃得開，控制著22%的美國市場。

另外，在其他各國擁有12家分店，上市眼鏡達2000款，銷售量達2000萬件。

1997年，它的營業額高達150億港元，營業增長率高達116％，出口增長率達30％以上。

1995年，當它推出太陽眼鏡時，在美國的銷售業績便增加了45％！

這位眼鏡大王叫德‧維琪奧。

他爲什麼能取得這麼顯赫的業績呢？

首先是他十分勤奮地工作。每天，他都堅持工作 12個小時以上，他事必躬親，十分辛勞。

但他也十分明白「分身乏術」的道理。因而，他到處物色能人，給他們最優厚的條件，吸引他們來爲自己服務。他跟員工的關係極富有人情味，不僅給他們豐厚的報酬，而且連他們的家屬也都照顧到了，讓他們毫無後顧之憂。

眼鏡大王聽說美國有位行銷奇才羅伯特‧史蒂文，便專程去拜訪他。

哪知史蒂文十分清高，竟然躲了起來，不肯見他！

眼鏡大王便學起了中國古代的劉備，「三顧茅廬」，一連拜訪了三次，都沒有結果。

但是，爲了打開美國市場，他決心挖到這位行銷奇才，於是想出了絕招。他四處打聽與這位行銷奇才有關的事情，終於得知史蒂文十分愛自己的母親，於是，德‧維琪奧索性將他的母親接去了米蘭城，奉養起來，然後再次去請史蒂文出山。

這回史蒂文終於肯出來了。

眼鏡大王對待他殷勤有加，給了他最豐厚的薪金，還把10％

的股權讓給他。而這位行銷奇才也不辜負眼鏡大王，十分賣力地工作，結果，美國市場的銷售額一路攀升。

禮賢下士不僅僅體現在招攬人才方面，而且，也體現在使用人才方面。

美國通用電氣公司的總裁威爾許被稱為世界上最會用人的「頭號管理者」，他領導下的通用電氣公司人才濟濟，各盡其才，他的公司被評為世界上最有價值的公司！

他說：「我最大的成就就是發現人才，發現一大批人才。他們比絕大多數的首席執行長都要優秀。這些一流的人才在 GE如魚得水。」

那麼，威爾許是怎樣用人的？

1999年1月4日，世界上最有價值的公司—美國通用電氣公司（GE）的董事長兼首席執行長傑克‧威爾許在 GE全球500名管理者人員大會上說：

「GE成功的最重要原因是用人有方！」

的確如此，這位被稱為頭號管理者的人，把50％的工作時間都花在人事方面，他最關心的就是人事工作，他的最大成就也是如何關心和培養人才。

威爾許至少知道1000名GE高級管理人的名字和工作職責。GE的員工有17萬人之多。威爾許的工作信條是：只有對他們有足夠的瞭解，才能信任他們，讓他們放心地工作。

威爾許說：「我不懂如何製造飛機引擎，我也不知道在NBC應播放什麼節目。這兩項都是GE的主要業務。我們在英國有一項有

爭議的保險業務，我不想做那項業務，但是那個給我提建議的人想做。我相信他。我相信他能做好。」

威爾許對人才的重視是無止境的。

4年前，GE的交通業務部門從下級軍官中聘用了一批人。當時許多人都覺得不可思議。威爾許將他們都請到了費爾菲爾德，跟他們聊了一整天。結果他發現受聘者素質相當不錯。

於是，他堅持了自己的做法。

這批下級軍官的業績穩步提升，證明威爾許的眼光獨到。在決定一個有約7800名財務人員要向其彙報工作的關鍵職務的人選時，威爾許跳過了其他幾名候選人，選擇了39歲的鄧尼斯・達莫曼。

鄧尼斯當時的職務比該職位要低兩個級別。但是，他在處理棘手任務方面的能力卻是超一流水準的，給威爾許留下了深刻的印象。

威爾許選人的原則就是：從不注重學歷和資歷。

威爾許說：「關鍵在於你能做什麼。」

關鍵在於你能做什麼！

威爾許就是憑著這一標準來選擇人才的。

威爾許自1981年出任GE首席執行長以來，這一用人原則就不斷地得到強化。威爾許十分關注人才的表現能力，每年的4～5月，他和三名高級管理者一道前往GE的 12個業務部門，現場評審公司3000多名高級管理者的工作進展，對最高層的500名主管則進行更為嚴格的審查。

威爾許的評審會通常在早上8點鐘開始，在晚上10點鐘結束。

業務部門的首席執行長和他的高級人力資源部管理者參加評審。這種緊張的評審迫使這些部門經營者識別出未來的領導者，制定出所有關鍵職位的繼任計畫，決定哪些有潛質的管理者應送到克頓GE培訓中心接受領導才能培訓。

威爾許是如何成功地對如此眾多的形形色色的管理者和主管一一做出睿智的評價呢？這在很大程度上緣於他已經見過他們其中的很多人。

威爾許每年平均接觸上千名的GE員工。

此外，在會議進行階段，威爾許會靜下心來，審讀每一本彙集了每一名員工的評價簡冊，包括了對他們的優點和缺點、發展需求、長短期目標以及他們上級的分析。而員工的相片也會在文件後面備查。

在評審會議的一整天裡，威爾許要開誠佈公地對那些即將提交的晉升、任務和繼任計畫進行挑戰。

威爾許說：「你選你中意的人，如果我有不同的看法，我會提出來，但是，我最終會說：這是你的權力！你要選他？你可以要他，但這是我對他的看法。如果我是對的，他們會採取行動。如果他們是對的，願上帝保佑他們。」

7、人才是成就事業的基石

人才是企業發展的希望；人才是企業發展的基石；人才是把企

業推向輝煌的動力！

　　一個真正的企業家，他們不僅重視人才，而且更善於使用那些比自己能力更強的人才，讓他們充當企業發展的「急先鋒」。

　　中國漢朝劉邦和他的部下韓信，曾經有過一段對話：

　　「如果我親自領兵，你認為我能帶多少士兵呢？」

　　「陛下最多只能率領10萬大軍。」

　　「那麼，你能帶多少兵呢？」

　　「我是愈多愈好。」

　　「那像你這樣能幹的人，又為什麼要做我的部下呢？」

　　「因為陛下不是兵士的長官，而是將軍的長官。」

　　從這段對話中可以瞭解，在指揮軍隊和征戰沙場方面，韓信的才能確實勝過劉邦，可是劉邦有辦法運用韓信的才能。關於這一點，漢高祖曾對部下說：

　　「我的智謀詭計比不上張良，在行政管理上又不如蕭何，指揮軍隊更不如韓信。得到這三位傑出的人才助陣，這是得天下的主要原因。」

　　漢高祖的話十分引人深思。如果單以才智來一較高低，那多的是比他傑出的人。但以他平凡的才能所建立的王朝，卻能統治廣大的中國達好幾百年之久，他能成功地創建許多豐功偉業的秘訣就是能知人善任。

　　劉邦和項羽爭奪天下，而項羽也是一位英雄人物，無論才能和力量，都遠在劉邦之上。可是項羽不善於用人，甚至連自己的軍師范增都容不下，這是項羽失敗的主要原因。

　　即使一個才智出眾的人，也無法勝任所有的事情，所以唯有知人善任的領導者，才可完成超越自己能力的偉大事業。然而一般人最容易犯的錯誤，就是高估自己的能力，而不肯接受他人的忠告。領導者也最應留意這點，只有當他發現部下的能力在某些方面高過自己時，正也表示他有成功的傾向。如果所用的人都是平凡庸俗、能力比自己差的人，想要成功就太難了。

　　菲亞特集團在1998年美國《財富》雜誌上世界500強中排名34名，1998年銷售收入達510億美元。義大利首屈一指的菲亞特汽車公司是菲亞特集團旗下的一個企業，也是世界十大汽車公司之一。

　　誰也不會料到這家赫赫有名的公司，在1979年以前的10年裡，竟是個面臨倒閉的公司。它連年虧損，無法進行再投資，被迫將13%的股票賣給了對外銀行。

　　面對這種困境，菲亞特集團老闆艾格龍尼家族大膽起用強過他們的維托雷‧吉德拉，任命他為汽車公司總管理者，將公司全權交給他獨立經營。吉德拉管理才華出眾，平易近人，具有不屈不撓而又吃苦耐勞、腳踏實地的性格，老闆正是看中他的這些優點而邀請他來任職的。

　　吉德拉上任後，果然出手不凡，大刀闊斧地進行了一系列行之有效的改革。在吉德拉的整治下，菲亞特汽車公司很快擺脫了困境，提高了勞動生產率，到1984年終於使汽車銷售量達到了100多萬輛，躍居歐洲第一，吉德拉本人也由於經營有方而聞名，被人們稱之為歐洲汽車市場的「霸主」。

　　如果你的手下都是些精兵強將，那麼想要得天下簡單是易如反

掌。而要做到這些也並不難，只要你做到以下幾點，想要成功便很簡單了。

（1）容人之長

敢用強過自己的人，要容人之長。不能容人之長的人是因為有「珠玉在側，覺我形穢」的被「取而代之」的危險感覺。只需調整心態就可以了。某一企業家曾指出：「用一個能力強的人，只會提高你自己的地位；條件好的人不但增進整個部門的工作成效，更使你因為容人之長而聲名大噪，何樂不為。」可見容人之長已為多數智慧之士所共識。

（2）不對強者求全責備

優秀人才的可貴就在於有主見，有創見，不隨波逐流，不看誰的眼色行事。人才的特徵就是：創造力強，能為企業帶來績效，為領導者開創局面，甚至其能力超越領導者。既是創新開拓就難免與傳統、權威不一致，甚至也可能與領導者合不來。任何發明創造、改革進取都不能保證百分之百的成功，錯誤與失敗在所難免，甚至失敗多於成功。領導者用強於自己的人要有「大肚能容，容天下難容之士」的雅量，才能成就大業，成常人難成之舉。

要做到勇於用比自己強的人，要克服求全責備的心態。

求全責備，是指對人要求過嚴，容不得別人半點缺陷，見人一

「短」，橫加指責，不予任用。求全責備是用人之大忌，它壓抑著人的工作積極性，阻礙人的成長，阻礙人的智慧的充分發揮；它使人謹小慎微不思進取；阻礙人的創造性思維與創造性想像力的發揮；它使人缺乏活力，缺乏競爭能力和應變能力，造成人才特別是優秀人才的極大浪費；人才也是凡人，有其長也有其短。

如獲得1998年諾貝爾物理獎的華裔科學家崔琦竟然不會使用電腦。如果用現代人必須掌握電腦和外文的標準來衡量，連「現代人」都稱不上的崔琦怎麼能獲得影響世界最大的獎項呢？

（3）失敗是成功之母

敢用強過自己的人，深知失敗是成功之母的道理。創造性活動，失敗多於成功，但沒有失敗就沒有成功。美國管理學家湯姆·彼德斯和南茜·奧斯丁考察了從少數技術先進、實力雄厚的大公司到中小企業、金融業、服務業和傳統手工業，從學校、軍事單位到政府機關幾十個組織發現，最優秀的組織都是能夠容忍失敗的組織。

如花旗銀行、通用電氣公司、百事可樂公司，都大力主張「失敗是正常現象」，甚至認為應獎勵「合理錯誤」。

美國鋼鐵大王卡內基說過：「你可以把我所有的工廠、設備、市場、資金全部奪走，但只要保留我的企業和人員，幾年後，我將仍是鋼鐵大王。」

卡內基死後，人們在他的墓碑上刻了一段話：「這裡安葬著一個人，他最擅長的能力是，把那些強過自己的人，組織到為他服務的管理機構之中。」

8、挖人才要有手段

　　這是一個激烈競爭的時代，對每一個企業而言，其競爭的實力則來自於一個企業對人才的擁有上。那麼，怎樣使自己的企業擁有優秀的人才，是每一個企業家首先要思考的問題。

　　下面這個寓言故事，在如何挖掘人才上，給了我們啓示。

　　獅子和老虎為爭奪森林之王進行一場生死大戰，戰爭越打越烈，但勝負難分。獅子為了獲得勝利，派狼送五隻雞給老虎的軍師狐狸。並說：「我們的獅子大王很歡迎你的加入，只要你願意加入我們的隊伍，牠願意再出十隻雞和統領的職位給你，省得你在老虎身邊受氣。」

　　狐狸面對誘惑，終於動心了，拿著老虎的作戰計畫和地圖去見獅子。獅子看了很高興道：「戰爭勝利，你將是最大的功臣，現在你在我的宮殿裡休息吧！等勝利回來再封你為統領。」

　　由於狐狸的幫助，獅子打敗了老虎，成了森林之王。所有參戰者都獲得了封賞。自然狐狸也去討封。獅子說：「昨天你背叛了老虎，明天你也會背叛我，我這裡不需要叛徒」獅子一張口，把狐狸殺了。

　　獅子之所以能打敗老虎，在於牠挖了老虎的軍師狐狸，當然狐狸的所作所為不能令人恭維，但牠確實是一個人才，牠是戰爭勝利的最大功臣。在企業管理上，人才是企業生存壯大發展的基石，特

別是同行中的優秀人才，更是企業之「寶」，聰明的領導者要善於挖掘。

「挖角」是現代公司搶奪人才的最簡單方法，只要會「挖」，挖起來就會神不知鬼不覺。

成功的公司的產品能夠不斷創新和保持強勁的競爭力，與它們贏得了人才密不可分。

挖掘人才最直接的方法就是給他豐厚的物質待遇和充足的精神滿足。

以下是挖掘人才時應該注意的幾點：

(1) 確保所聘用之人員是公司真正急需的高級人才。在做出挖掘人才之前一定要考慮清楚，公司需要哪方面的人才，而將聘用的人員是否具備這方面的素質。這要求分析公司的現狀，以及該人員詳細的工作歷程與業績，透過對比分析，決定是不是應該聘用。

(2) 確保企業有足夠的資金實力支付高薪。

(3) 對所聘用人才要給予充分的信任，並爲其提供用武之地。

多年以來，斯科公司總裁佩恩一直希望能雇用戈拉曼飛機公司的工程師瑞克斯，但是他對斯科公司連正眼都不看一下。佩恩知道他在戈拉曼公司前程遠大。他曾兩次獲得年度的最佳員工，負責幾個重大的專案，還被正式當做高級職位的候選人。儘管如此，佩恩還是定期去拜訪他（他住得比較近），看他是否對加入斯科公司感

興趣。

機會終於來了。這要感謝講故事。

「瑞克斯，有家大出版社希望出版關於斯科公司的故事集。」在一次會談時佩恩說，「我想確信這些故事對於在其他公司工作的人是不是也有意義。你願意抽空看一下嗎？然後告訴我有沒有從中得到什麼東西，或哪裡應該有所改善。」

到了下個月，瑞克斯打電話過來。

「佩恩，這些故事是真的嗎？」

「是的。否則就沒有什麼意義了。」

「佩恩，我真不能相信這些故事是真的。你讓我覺得斯科公司對於任何人都是個理想的公司。」

「那麼，想知道到底如何，最簡單的辦法是去三河廠看看。」

瑞克斯去了。佩恩也非常榮幸，因為他現在已經是斯科的工程主管。

斯科公司的故事也應用在其他方面。

在招募工程師的面試中，佩恩把電池的故事講給其中一位聽，並問他對此有何想法。佩恩覺得此人對於斯科公司有些過於僵化和消極，他對於故事的分析也證明了這點。

「你們的制度有問題。」聽完之後他對佩恩說，「如果沒有問題，員工不會考慮把電池拿走挪作私用。在拿到報銷單之前應該知道會發生什麼事。」

「對於不必要的組織程序這部分你怎麼想？」佩恩問。

「只是小問題。」他說，「故事講得很清楚，還是制度的問

題。」

　　最終，佩恩沒有雇用他。

　　有能力是件好事？但能發現別人的能力，才是對自己能力的考驗。講故事能幫助你進行面試。如果你的故事是真誠的，說明了公司的發展方向，就能在面試中成為很有價值的工具。

　　請應徵者閱讀故事，然後詢問他們的意見，你就能知道他是不是真正相信你的哲學。

　　請面試的人給你講個故事。如果你想雇用的人沒能講出一個不錯的關於他工作的故事，可能他目前的工作做得一點都不出色，如果他講了故事，聽他是如何說的，是諷刺的，幽默的，誠懇的，具體的事實，還是編造的？這些和故事本身同樣重要，能使你進一步瞭解他。

9、留住人才不能靠錢

　　錢是好東西，這是人們對錢的普遍認知。但錢不是萬能的，尤其對人才來說，有時候他們看重的並不是金錢，而是企業的發展環境和自己的發展前途。

　　美國的沃爾克教授說：「對於留住人才的重要因素，人們往往以為是金錢，其實並非如此。他們在一段時間內可能會關注薪酬，但人才如果對工作失去了興趣，單單靠金錢是不能留住他們的。」

　　經過調查，許多公司發現，向員工承諾吸引他們的更好的其他

條件比較能吸引他們的注意。這些條件包括對工作的滿意程度，對團體歸屬感，處理好工作與生活之間關係的能力，以及個人發展的機會。

聯信公司人力資源部管理者鄧尼斯說：「這聽起來似乎有點可笑，但留住人才的藝術和經驗告訴我們，這些東西雖然很簡單，但卻是非常重要的。」因此，雖然一些留住人才的計畫主要包括增加獎金和公司提供後勤服務，以及使生活更加舒適的特殊待遇，但更加重要的戰略則是以發展計畫為核心。

具體說來，想要留住人才，以增強人們對公司、對企業的忠誠度，以下是幾種簡單但對管理者絕對有用的方法：

(1) 企業內部機制要合理

對員工來說，一個企業的內部機制是否完善是能否留住他們的一個重要因素；尤其是員工的績效考核機制。試想如果一個員工剛到企業不久，就發現企業的考核評估機制不健全，因而導致企業對員工的待遇不公。自己辛辛苦苦工作了一段時間，最後工作成果卻被別人占為己有，或者自己付出的勞動和自己的所得不成比例，那麼他還有什麼積極性可言！最後辭職肯定是必走之路，就算是他一時找不到合適的工作而不離職，但是其工作效率之低也就可想而知了。

所以企業想要留住人才，首要的條件就是健全其內部機制，讓員工能真正地學有所長，學以致用，能真正把員工對企業的貢獻和

企業對員工的報酬二者之間有機地聯繫起來，這樣才能有效地減少員工因橫向比較感到待遇不公而流失。

（2）對員工要以誠相待

環境對人的影響是不容忽視的。尤其是對剛進入企業的年輕人來說，他們不僅重視企業內部的人文環境，而且還重視企業為他們所營造的學習環境。

日本企業家之父澀澤榮一在其廣為流傳的名著《論語加算盤》中說：「真誠、誠心是商戰中致勝的法寶。」日本企業創造的奇蹟說明了他的論斷。在和美國企業的激烈競爭中，日本企業家棋高一著。日本企業內部良好的人際關係大大提高了日本企業的競爭能力。日本企業家對員工能做到以誠相待。如果公司面臨困境，老闆會把真實情況告訴員工，然後群策群力，共度難關。正是這種相濡以沫的真誠使員工能以公司為家，竭力為公司奉獻自己的聰明才智。

相反，一些美國公司為了追求短期利益不惜欺騙員工，員工與老闆之間的關係缺乏真誠的基礎，進而影響了公司的競爭能力。

（3）重視有潛力的人才

員工初到企業，往往會懷有雄心壯志，希望能在自己的職位上大顯身手，做出一番事業，尤其是那些剛剛從大學畢業的優秀年輕

人。一般情況下，公司會花很大精力和金錢去爭取他們，但是爭取到了以後，卻又把他們扔在企業基層而不加過問，成爲企業忽略的人才。企業的管理者卻不知道一個精明的、懷著雄心壯志的員工，如果在加入公司後被扔在底層，被人忽視，那麼他很可能就會離開公司去尋找另一個新天地了。

如果你認爲某一個員工確實是能力超群，比別人都優秀，沒有人懷疑他在以後的工作中成績會出類拔萃，那麼，你可以以快速提拔的辦法將他晉升到一個比較重要的職位。當然你在提拔他的時候一定要多動腦筋，因爲對他的快速提拔會招致別人嫉恨進而可能會給你的公司機構帶來破壞，如果沒有處理好這個問題，你不僅會失去他，同時還會得罪其他留在公司的員工。不用說，這是一個高級的煩惱，但是請不要著急，有種方法可以簡單應對。

請看一個例子：

一家公司曾聘用過一位年輕人在海外某部門工作。幾個月後，他就顯示出非凡的能力，其上司與之相比也顯得黯然無光。如果將年輕人提拔到他應該的職位，那麼他的上司將會因爲不滿而破壞公司的安定。於是公司把他調到另一個駐外代表處擔任主任，充分發揮他的才能，那位年輕人實際連升了三級，但公司沒有人注意到他的三級跳，也沒有人發牢騷。這真是一個皆大歡喜的做法，對企業、對個人、對員工三者都有益而無害。

(4) 攻心有法

兵法有云：「攻城掠地爲下，攻心爲上。」這實在是兵法裡的高招，如果能攻下對方的心防，有時候不費一兵一卒就可以佔領城池。同樣想要留住人才也是一樣，如果你不能留住他的心，留住他的人有什麼用。就像三國時的徐庶一樣，「身在曹營心在漢」，所以留人要留心。留住他們的心也並不難，請看下面：

首先，要對跳槽者在公司組織中的地位與貢獻做出肯定，說明公司的發展需要他，然後，暢談公司發展的遠大前景，給他一個大大的許諾；例如，「公司打算引進國外先進設備，一定派你去考察學習」，或者「公司要組建新的投資公司，一定派你全權負責」、「來年要實行期權獎勵，你算一算，你的收益是多少？」等等。這裡的前提是你的信譽很好，有過兌現承諾的記錄。承諾的作用是先給他們些誘惑，靠以後的攻心戰贏得時間。

這些想跳槽的員工大多是「身懷絕技」的人，或是懷有雄心壯志之輩，他們大多選擇「人往高處爬」的明智策略，到預期收益與發展機會都優越於你的企業工作。如果使用高壓手段硬留他們，只會導致雞飛狗跳，不利於問題的解決。對待他們，你最好本著「攻心爲上，真情感動」的原則。

攻心要以情感人，以理服人。要用真誠去打動部下的心，堵住部下將要提出辭呈的口。曉之以理地談及公司爲他個人的發展做出的巨大投資，以喚起部下的良知，真正留住他們的心。

(5）滿足員工的興趣

　　一個員工如果對於自己的工作不感興趣，那麼他就很難有心去做事。其實有時候，他的工作表現並不能顯示他對工作的熱愛。常常有這樣的情形，某個員工僅僅依靠自己的才能和遵紀守法就能夠在某個職位上工作得極為出色，而實際上他對這項工作毫無興趣。

　　例如，在某部門有一位管理者工作極為出色，打破銷售記錄，可是他內心夢想的工作卻是該公司的電視部。從公司的角度考量，他當然應該留在原部門，繼續創造記錄。但實際問題是，他一心要從事電視工作，如果其他公司滿足了他的要求，他很快就會離開公司。

　　因此，面對這種情況，企業的領導者就必須考慮一個問題，究竟怎樣才能滿足員工的志趣要求：身為一個人才、特別是身為一個優秀人才，自我價值的實現度對他來說十分重要。我們也會從許多員工的意向中發現，他們首先考慮的最重要因素不是金錢，而往往是某項工作是否符合職業長期發展的要求。

（6）建立互相信任的關係

　　管理者想要發揮員工的最大潛能，就要信任員工，放心地讓他們去工作，絕不能讓他們老是處在一種被監視的狀態下工作，以致使他們背上了心理包袱，這樣對他們、對企業都沒有好處。這其實涉及到一個互信的問題。互信是人際關係的基礎，尤其是具有人才特質的人，總是希望主管能有「你辦事，我放心」的心態，在工作上才能放手去做。

如何在企業內部建立更好的互信關係呢？除了要應用管理控制的科學管理方法去除互信的障礙外，管理者還要經常保持與員工進行思想交流。

和員工經常交流思想的做法從本質上說應是互動式的，既需要員工能解除思想顧慮，向管理者訴說自己的思想波動和要求，但更重要的是，管理者自己能夠讓員工感覺到你和他們沒有距離。

一家成功企業的總管理者，曾經很自豪地談起他與員工相處的方式：他與員工一起工作，一起吃飯，一起讀書，慢慢地，企業內形成了一種氛圍，大家一起享受成功帶來的喜悅，也一起分擔困難帶來的憂慮。和員工們建立夥伴關係，首先要出自於真誠的心，互相扶持，這樣員工們才會付出更大的努力，做出更多額外的貢獻。

(7) 給每一個員工明確的目標

有人曾經生動且具體地做過一個比喻；一個公司就像一支足球隊，員工就像足球隊員。高薪可以為球隊聘請到知名球星。但是，如果這位球星一年都沒有上場，他肯定會離開這支球隊。公司也是這樣，有的公司炫耀自己有多少博士、碩士，但這些人卻無事可做，過不了多久，他們都會走的。公司留人的目的就是要發揮他們的作用。因此，為了讓每個員工都能發揮所長，公司必須將自己的目標細化，使每一個員工都有自己明確的目標，並以此作為考核標準。

國家圖書館出版品預行編目資料

用人先看相／陳建中編著.
初版－－台北市：宇河文化出版；
紅螞蟻圖書發行，2007〔民96〕
面　　公分，－－(知識精英；30)
ISBN 978-957-659-624-7 (平裝)

1.命相
293　　　　　　　　　　　　　96011824

知識精英 30
用人先看相
編　　著／陳建中
發 行 人／賴秀珍
榮譽總監／張錦基
總 編 輯／何南輝
特約編輯／呂靜如
平面設計／余俊德
出　　版／宇河文化出版有限公司
發　　行／紅螞蟻圖書有限公司
地　　址／台北市內湖區舊宗路二段 121 巷 28 號 4F
網　　站／www.e-redant.com
郵撥帳號／1604621-1　紅螞蟻圖書有限公司
電　　話／(02)2795-3656 (代表號)
傳　　眞／(02)2795-4100
登 記 證／局版北市業字第 1446 號
港澳總經銷／和平圖書有限公司
地　　址／香港柴灣嘉業街 12 號百樂門大廈 17F
電　　話／(852)2804-6687
新馬總經銷／諾文文化事業私人有限公司
新加坡／TEL:(65)6462-6141　FAX:(65)6469-4043
馬來西亞／TEL:(603)9179-6333　FAX:(603)9179-6060
法律顧問／許晏賓律師
印 刷 廠／鴻運彩色印刷有限公司
出版日期／2007 年 8 月　第一版第一刷
　　　　　2011 年 9 月　　　　第三刷
定價 260 元　港幣 87 元

ISBN 978- 957-659-624-7　　　　　　**Printed in Taiwan**